FREIE UND HANSESTADT HERFORD

FREIE UND HANSESTADT HERFORD

Aus Politik, Wirtschaft und Kultur,
aus dem kirchlichen und sozialen Leben
in Vergangenheit und Gegenwart

Band 14

HERFORDER VEREIN FÜR HEIMATKUNDE E.V.

Herausgeber
Herforder Verein für Heimatkunde e.V.

Gerda Meyer-Hirschfeld

Mutter Grün –
ihre Enkelin erzählt

mit einem Beitrag
von
Elisabeth Tielke

heka-Verlag · Heinz Kameier · Leopoldshöhe

Herforder Verein für Heimatkunde e.V.
Vereinsvorsitzender: Cord H. Huchzermeyer
Sauerbruchstraße 46, 32049 Herford

Leiter des Historischen Arbeitskreises:
Dr. Wolfgang Otto, Stadtholzstraße 2, 32049 Herford

Die Deutsche Bibliothek – CIP-Einheitsaufnahme

Freie und Hansestadt Herford : aus Politik, Wirtschaft und Kultur, aus dem kirchlichen und sozialen Leben in Vergangenheit und Gegenwart / Hrsg.: Herforder Verein für Heimatkunde e.V. Verantw. für den Inhalt der Historische Arbeitskreis des Vereins. – Leopoldshöhe: heka-Verl.
Teilw. im Verl. Busse Seewald, Herford

Bd. 14. Mutter Grün – ihre Enkelin erzählt. – 1997

Mutter Grün – ihre Enkelin erzählt / Hrsg. Herforder Verein für Heimatkunde e.V. Gerda Meyer-Hirschfeld. Mit einem Beitr. von Elisabeth Tielke. – Leopoldshöhe : heka-Verl. Kameier, 1997
(Freie und Hansestadt Herford ; Bd. 14)
ISBN 3-928700-35-9

Abbildungen:
Sämtliche aus der Sammlung der Autorin.
Die Illustrationen auf den Seiten 21 und 24 fertigte
Bruno Wangler, Vlotho-Exter

ISBN 3-928700-35-9
Einbandgestaltung:
Martina Billerbeck, Bielefeld, unter Verwendung
zweier Fotos aus der Sammlung der Autorin
© 1997 by *heka-Verlag*, Heinz Kameier, Leopoldshöhe
Alle Rechte vorbehalten, insbesondere das Recht der Übersetzung
Nachdruck, auch auszugsweise sowie Mikroverfilmung,
nur mit Genehmigung des Verlages
Gesamtherstellung: Hans Kock Buch- und Offsetdruck GmbH, Bielefeld
Printed in Germany

Inhaltsverzeichnis

Vorwort	7
Der Anfang	9
Kinderheim	10
Hilda und der Bauernhof	11
Meine Mutter – Teil 1	15
Rödinghausen-Bieren	16
Gottschalk-Weddigen-Heim	17
Die Bombrede	21
»Mutter Grün«	23
Meine Mutter – Teil 2	26
Hücker-Aschen	28
Spielchen	42
Halstern bei Löhne	43
Bauer Meier	47
Meine Mutter – Teil 3	51
Meine Oma stirbt, neue Zeiten	54
Verheiratet	57
Quintessenz	58
»Mutter Grün« und ihr Ehemann, der »Trompeten-Oskar«	60
Meine Großeltern	62
»Mutter Grün« – Teil 2	62
Lebensdaten der Autorin	64

Vorwort

Frau Meyer-Hirschfeld schrieb sich den Alptraum ihrer Kindheit und Jugend von der Seele. Erst während dieser intensiven Beschäftigung mit der Vergangenheit erwachte ihre Erinnerung an zahlreiche Details aus dem Leben ihrer Großmutter, in Herford als »Mutter Grün« bekannt.
Auch vom schweren Leben ihrer Mutter berichtet die Autorin. So beschreibt dieses Buch drei Frauenschicksale im ungefähren Zeitraum von 1940 bis 1950.
Ich selbst habe »Mutter Grün« nur einmal 1949 in der Lübberstraße in Herford gesehen. Sie zog einen kleinen Bollerwagen hinter sich her. Um sie herum sprangen Kinder und riefen immerfort: »Mutter Grün, Mutter Grün!« Sie schimpfte und drohte den Kindern mit ihrem Stock. So zog sie in Richtung Neuer Markt.
Ich erinnere mich, daß sie mehrere lange, grüne Kleider übereinander trug. Überall blieben die Menschen stehen, während die Kinder ihr weiter nachliefen.
Dieses Buch von Frau Meyer-Hirschfeld ist die einzige authentische Quelle zum Leben von »Mutter Grün« und zum Leben ihres Mannes, des »Trompeten-Oskars« aus der Radewig.
»Mutter Grüns« Ehemann erkannte man an seiner kleinen Trompete mit Ständer für ein Liederbuch. Im Bereich des Gänsemarktes und des »Grünen Wenzels« hielt er sich am liebsten auf.
Bisher unveröffentlichte Fotos und Dokumente geben Einblick in das Schicksal dieser »Herforder Originale«.
Der »Trompeten-Oskar« Oskar Feldhaus hatte eine große Trompete ohne Ständer. Sein bevorzugter Standplatz war der Alte Markt.
Der Herforder Verein für Heimatkunde sah es als seine Pflicht an, das Manuskript von Frau Meyer-Hirschfeld und die Dokumente in seiner Buchreihe »Freie und Hansestadt Herford« zu veröffentlichen.
Die Ausdrucksweise der Autorin wurde bewußt beibehalten. Ihr ist Dank zu sagen für die Aufbewahrung der Fotos und Dokumente und für ihre lange Arbeit an diesem Buch.

Herford, im Mai 1997 *Cord Henrich Huchzermeyer*

Der Anfang

Ich erzähle aus meiner Kindheit.
Im März 1932 wurde ich in Celle bei Hannover geboren. Meine Mutter war ledig, und ich somit ein uneheliches Kind. Nach meiner Geburt kam ich in ein Schwesternheim. Dort blieb ich bis zum 1. Mai 1932. Danach war ich in Dannenberg gemeldet.
Ab August 1937 war ich dann in Hitzacker an der Elbe gemeldet.
Was genau zwischen 1932 und 1937 geschah, weiß ich bis heute nicht. Meine Erinnerungen reichen zurück bis zu meinem fünften Lebensjahr.
In diesem Alter kam ich zu Pflegeeltern. Von den Pflegeeltern selbst kann ich nichts erzählen. Ich habe nur die Pflegemutter kennengelernt. An sie kann ich mich aber nur schwach erinnern.
In dieser Pflegefamilie gab es noch zwei Kinder, ungefähr in meinem Alter. Wir spielten immer zusammen.
Nicht weit von dem Haus meiner Pflegeeltern floß die Elbe. Wir mußten nur die Straße hinunterlaufen, dann waren wir schon am Wasser. Für uns Kinder war das damals der schönste Spielplatz.
Mitten in der Elbe, auf einer kleinen schilfbewachsenen Insel, war eine Badeanstalt. Die konnte man über einen langen, schmalen Steg vom Ufer aus erreichen. Die Badeanstalt hatte einen wunderbaren Strand.
Im Sommer 1937 liefen wir drei Kinder eines Tages mal wieder, wie so oft im Sommer natürlich barfuß, zur Elbe hinunter. Schon von weitem sahen wir ein Ruderboot im Wasser liegen. Es war mit einem Seil am Ufer festgemacht. Das war natürlich ein tolles Spielzeug, das wir gleich ausprobieren mußten.
Wir kletterten alle drei hinein. Ich stellte mich auf eine Sitzbank am äußeren Ende. Dann fingen wir alle drei an zu schaukeln. So übermütig, daß ich das Gleichgewicht verlor und ins Wasser fiel. Ich hatte großes Glück, denn das Wasser war an dieser Stelle nicht sehr tief, so daß ich stehen konnte. Ich konnte ans Ufer krabbeln. Pitschnaß, wie ich war, lief ich schnell nach Hause.

Kinderheim

Dann kam der Tag, an dem meine Pflegemutter mich in ein Kinderheim zurückbrachte. Aus welchen Gründen weiß ich nicht.
Als sie sich von mir verabschiedete, versprach sie mir, mich bald wieder abzuholen.
In diesem Kinderheim gab es nur Kinder zwischen ein und fünf Jahren. Ich war die Älteste von den Kindern.
Da meine Pflegemutter mir ja versprochen hatte, mich bald wieder abzuholen, stand ich sehr oft und lange auf der Fensterbank und schaute hinaus, immer in der Hoffnung, sie möge doch bald kommen und mich wieder nach Hause mitnehmen. Es kam natürlich niemand.
Da ich immer wieder auf die Fensterbank kletterte, wurde ich auch einmal bestraft. Man sperrte mich in einen dunklen Keller. Es war stockdunkel und unheimliche Geräusche waren zu hören. Ich hatte furchtbare Angst.
Dann, eines Tages, es war noch immer derselbe Sommer, kam eine junge Frau, die mich mitnahm. Sie setzte mich auf den Gepäckträger ihres Fahrrades und wir fuhren los.

Hier bin ich als Kleinkind bei meiner Mutter auf dem Arm. Es bleibt für mich die Frage: Warum war meine Mutter so hart und gab mich immer wieder zu fremden Menschen? Immer wenn ich mich eingewöhnt hatte, mußte ich gehen. Mein »Zuhause« wechselte ich zehnmal.

Es war eine ziemlich lange Fahrt, und unterwegs hatten wir etwas Zeit, uns miteinander bekannt zu machen. Die junge Frau sagte, sie heiße Hilda. Irgendwie gefiel sie mir, und ich hatte gleich Vertrauen zu ihr gefaßt.
Die Fahrt ging durch Wald und Wiesen, und zum erstenmal in meinem Leben sah ich eine richtige, echte, lebendige Kuh. Hilda erzählte mir, daß sie zu Hause auch Kühe, Schweine und Hühner hätten. Und auch eine Katze sei da.

Hilda und der Bauernhof

Ich war begeistert. Ich freute mich, als wir endlich auf dem Bauernhof angekommen waren. Auf dem Hof wohnte Hilda mit ihren Eltern. Das sollte jetzt also mein neues Zuhause sein.
Auf den ersten Blick gefiel es mir ja ganz gut, und ich war sehr gespannt auf meine Pflegeeltern.
Hildas Eltern waren sehr lieb zu mir, und ich hatte somit auch gleich Vertrauen zu ihnen gefaßt. Für mich waren es, wie für Hilda, auch der Papa und die Mama.
Die Mama war Schneiderin von Beruf. Am nächsten Tag gleich setzte sie sich an ihre Nähmaschine und nähte mir sehr schöne Kleidchen.
Im Heim hatte ich nur ein Kleid, und zwar das, was ich anhatte. Ich hatte nicht einmal Strümpfe und Schuhe. Das machte mir aber nicht soviel aus, weil es ja Sommer war, und ich sowieso barfuß lief.
Das geschah alles noch 1937. Der Sommer ging dahin. Es wurde Herbst und auch der Winter kam. Es war Nikolaustag. Ich wußte gar nicht, was das bedeutet. Am Abend ging Hilda mit mir ans Stubenfenster, wo ein paar Lackschuhe standen, die mit Süßigkeiten gefüllt waren. Ich habe mich sehr darüber gefreut, da es Süßigkeiten normalerweise nicht gab. Dann kam das erste Weihnachtsfest, an das ich mich erinnern kann. Ich hatte noch nie einen Tannenbaum mit Kugeln, Kerzen und Lametta gesehen. Unter dem Tannenbaum stand ein Puppenwagen mit einer Puppe darin. Auch ein Teller mit allerhand Süßem stand darunter. So etwas Schönes hatte ich noch nie vorher gesehen.
Dann kam der nächste Frühling. Ich bekam meine erste Kinderkrankheit, die Masern. Ich erinnere mich daran, daß ich in einem dunklen Zimmer lag und arg verwöhnt wurde. Ich bekam Saft zu trinken und Obst aus dem Glas zu essen. Das machte die Masern ein wenig erträglicher.
Im März wurde ich sechs Jahre alt. Es war mittlerweile 1938. Meine Mutter besuchte mich das erste Mal. Ich hatte sie noch nie gesehen. Für mich war es

eine fremde Frau. Ich hatte ja eine Mama. Es war schon Abend, und ich schlief in meinem Bett, als Hilda mich noch einmal wachmachte. Ich war recht verschlafen, so daß ich gar nicht so recht mitbekam, wer da vor meinem Bett stand. Meine Mutter sprach mit mir und bot mir einen Keks an, den ich aber nicht haben wollte. Ich wollte von einer fremden Frau nichts annehmen. Sie blieb nicht lange, es war nur das Wochenende. Danach kam sie mich noch ab und zu besuchen, aber für mich war das nicht so sehr von Bedeutung.

Das erste Osterfest war auch ein Erlebnis. Es war sehr spannend. Ich glaubte noch an den Osterhasen. Man sagte mir, daß er bunte Ostereier bringt und diese dann am Ostermorgen ganz früh im Garten verstecken würde. Da ich ja nun sehr neugierig war, stand ich am Ostermorgen ganz früh auf. Ich wollte doch dem Osterhasen bei der Arbeit zuschauen. Leider habe ich ihn nicht zu sehen bekommen. Hilda sagte mir dann später, daß ich in den Garten gehen solle, der Osterhase sei dagewesen und habe sehr viele Ostereier und Süßigkeiten versteckt. Es war ein großer Garten, so daß ich sehr lange suchen mußte. Ich hatte ein Körbchen dabei, in das ich die vielen tollen Sachen hineinlegte.

Im April kam ich dann in die Schule. Ich bekam zum Schulanfang eine große Schultüte mit vielen süßen Sachen darin. Die Schule stand mitten im Dorf und sie bestand aus nur einem einzigen großen Klassenraum. In diesem Raum wurden alle sieben Klassen unterrichtet. Als ich eingeschult wurde, waren wir nur zwei Mädchen. Wir mußten natürlich ganz vorne in der ersten Bank sitzen. Das fand ich gar nicht schön. Man konnte nicht einmal vom Nachbarn abschreiben. Wenn man erwischt wurde, gab es Schläge mit dem Rohrstock. Ich bekam oft Schläge vom Lehrer, so daß ich oft heulend nach Hause kam.

Endlich, die Sommerferien waren da. Ich brauchte nicht zur Schule. Dafür mußte ich ab und zu die Kühe hüten. Ganz früh am Morgen, gleich nach dem Melken, zog ich mit den fünf Kühen los. Die Weide lag nicht direkt am Hof, ich mußte mit den Kühen erst einen langen Weg durch den Wald gehen. Dann kamen die Weiden. Es waren große Wiesen. Viele waren mit Drahtzäunen abgeteilt, auf denen die Rinder waren, die auch des Nachts draußen blieben. Ich mußte auch alle Rinder mit Wasser versorgen. Dafür stand fast in jeder Koppel eine Pumpe mit einem Wasserbehälter davor. Ich mußte diese Behälter mit Wasser füllen. Damit hatte ich eine ganze Menge zu tun. Ich blieb den ganzen Tag dort. Brot und Obst hatte ich in einem Beutel mitbekommen. Wenn ich zwischendurch etwas Zeit hatte, sammelte ich Pilze. Die wurden am Abend in Butter gebraten und schmeckten sehr lecker.

Nachmittags um 17 Uhr wurde es Zeit, die Kühe zusammenzutreiben. Aber woher sollte ich wissen, daß es 17 Uhr war? Ich hatte ja keine Uhr. Das war aber ganz einfach. Immer um 17 Uhr flog das Postflugzeug in Richtung Hannover über uns hinweg. Das war meine Uhr. Dann wurde es Zeit zum Aufbrechen.

Dies ist Hilda aus Lichtenberg.
Sie war es, die mir die Leuchtkugeln am Himmel zeigte. Der Krieg hatte begonnen. Hilda war so lieb. Ich habe sie nie mehr wiedergesehen.

An einem Sommerabend, es war schon fast dunkel, ging Hilda mit mir vor die Haustür. Sie zeigte zum Himmel und sagte zu mir: »Jetzt haben wir Krieg.« Ich sollte mir mal den Himmel ansehen. Dort standen viele Leuchtkugeln. Ich fand das natürlich ganz toll, denn ich hatte ja noch keine Ahnung, was das zu bedeuten hatte.

Es dauerte dann auch nicht mehr lange, bis unsere Schule geschlossen wurde. Der Lehrer, der uns damals unterrichtete, mußte in den Krieg. Auch die anderen jungen Männer aus dem Dorf wurden eingezogen. Hildas Verlobter war auch dabei. Die Frauen weinten alle deswegen.

Die Sommerferien waren zu Ende. Wir mußten wieder in die Schule. Da unsere Schule ja geschlossen war, mußten wir ins nächste Dorf gehen. Diese Schule hatte drei Klassenräume, war also etwas größer als unsere alte. Wir hatten einen langen Schulweg, den wir laufen mußten, da es damals noch keine Schulbusse gab. Der Weg führte durch einen kleinen Wald, durch Wiesen und Felder. Dann kamen wir ins nächste Dorf. Dort war unsere neue Schule. Mitten im Dorf war ein großer Gänseweiher. Vor den Gänsen hatten wir großen Respekt. Jedesmal, wenn wir vorbeikamen, fingen sie an zu zischen und zu fauchen. Dabei machten sie ganz lange Hälse und liefen hinter uns her. Wenn möglich, machten wir Kinder einen großen Bogen um diesen Gänseweiher.

Auch eine Freundin, die Annemarie hieß, hatte ich. Ihre Eltern hatten einen großen Bauernhof. Ich war viel mit Annemarie zusammen, sie hatte so viele Spielsachen, mit denen ich gern spielte. Auch das Radfahren habe ich damals gelernt. Es war sehr lustig. Vor unserem Haus führte ein breiter Weg entlang. Das Haus stand ziemlich weit unten in einer Kuhle, so daß der Weg zu beiden Seiten etwas nach oben führte. Ich habe mein Fahrrad bis zum höchsten Punkt geschoben und dann ging es los. Ich bin auf mein Fahrrad gestiegen, habe mich rollen lassen und da es ja bergab ging, die Pedalen durchgetreten. Da mein Fahrrad ein großes Damenrad war, konnte ich noch nicht einmal über den Lenker schauen. So habe ich das Fahrradfahren gelernt, indem ich unter dem Lenker durchschaute. Sehr gefährlich war die Sache nicht, denn es ging ja auf der anderen Seite wieder bergauf.

Einen ganzen Tag habe ich gebraucht, aber dann konnte ich es. Es war eine sehr schöne Zeit.

Im folgenden Herbst starb der Papa, Hildas Vater.

Danach erlebte ich den Nikolausabend und das Weihnachtsfest genauso schön wie im Jahr zuvor.

Lichtenberg bei Lüchow

Als ich fünf Jahre alt war, kam ich auf diesen Bauernhof. Es war in Lichtenberg bei Lüchow. Das Foto stammt aus neuerer Zeit.

Vor diesem Bauernhof stand zu meiner Zeit rechts vom Eingang eine Kastanie. Links vom Haus war der große Garten, den man zum Teil noch sehen kann. In dem habe ich damals die Ostereier gesucht.

Lichtenberg war ein kleines, verträumtes Dorf. Mittendrin stand die Dorfglocke, die zum Kirchgang am Sonntag und an Feiertagen geläutet wurde. Auch wir Kinder durften den Sonntag einläuten.

Daneben stand die kleine Dorfschule, in die ich eingeschult wurde.

Nicht weit vom Hof entfernt gab es damals einen großen Sandberg, der ein beliebter Spielplatz für uns Kinder war.

Meine Mutter – Teil 1

Es muß Februar gewesen sein, denn wir hatten noch Schnee, da kam meine Mutter mich besuchen. Sie fuhr gleich am nächsten Tag wieder heim. Aber sie fuhr nicht allein, denn sie nahm mich mit. Das war für mich sehr aufregend. Ich hatte einen Mantel an, dazu ein Hütchen auf. Ich fuhr zum erstenmal mit der Eisenbahn, so daß ich viele Fragen stellte. So auch, wohin wir denn fahren würden. Darauf sagte meine Mutter, daß wir nach Herford fahren würden. Die Fahrt dauerte ganz schön lange, aber es gab unterwegs sehr viel zu sehen. Dann kamen wir in Herford an. Vom Bahnhof aus mußten wir mit dem Bus fahren. Bis jetzt war ja noch alles ziemlich aufregend und spannend, und so vermißte ich auch die Mama und Hilda noch nicht. Wir stiegen dann nach einiger Zeit aus dem Bus und gingen zu Fuß weiter. Endlich waren wir da. Meine Mutter wohnte mit meiner Oma in einer Baracke. Sie hatten zusammen nur ein Zimmer, in dem sie lebten. Dieses Zimmer war sehr klein. Es war nur mit einem Doppelbett, einem Kleiderschrank, einem Tisch, einem Stuhl und einem kleinen Herd zum Kochen eingerichtet. Ich sah zum erstenmal meine Großmutter. Es gefiel mir gar nicht, was ich sah. Ich bekam ganz schlimmes Heimweh. Ich wollte wieder nach Hause zu Mama und Hilda. Das Heimweh war so schlimm, daß ich die nächsten zwei Tage nichts essen konnte. Am dritten Tag brachte meine Mutter mich wieder weg. Aber nicht dorthin, wohin ich wollte, sondern zu wildfremden Leuten auf einen Bauernhof.

Meine Mama und die Hilda, an denen ich so hing, habe ich nie wiedergesehen. Meine Mutter hat mir nie erzählt, warum sie mich von diesen lieben Menschen weggeholt hat. Diese Trennung hat mir sehr weh getan.

Hier stehe ich mit meiner Mutter.
Ich war gerade sechs Jahre alt, als diese Aufnahme gemacht wurde.

Rödinghausen-Bieren

Der Hof lag so einsam, daß ich keine Kinder zum Spielen hatte. Die Bauern waren sehr fromm. Am Sonntagnachmittag bekamen sie immer viel Besuch. Dann saßen alle in der guten Stube, und es wurde gebetet und aus dem Gesangbuch gesungen. Ich mußte dann ganz brav auf dem Stuhl sitzen bleiben. Das gefiel mir ganz und gar nicht, denn es war doch ziemlich langweilig. Auch zur Schule mußte ich hier. Es war wieder eine kleine Dorfschule. Es war Winter und es lag Schnee. Ich hatte einen langen Weg zur Schule, und zum erstenmal in meinem Leben bekam ich Holzschuhe an. Es war schlimm. Erstens schämte ich mich, damit zur Schule zu gehen, und zweitens drückten sie so sehr, so daß ich anfangs ganz schlecht darin laufen konnte. Immer wenn mich keiner sah, zog ich die Holzschuhe aus und lief auf Strümpfen. Das wiederum hatte den Nachteil, daß ich ständig nasse und kaputte Strümpfe hatte und deswegen ausgeschimpft wurde. Auf diesem Bauernhof in Rödinghausen-Bieren war ich nur etwa zwei Monate. Meine Mutter besuchte mich nur einmal in der Zeit. Dann war es mal wieder so weit. Meine Mutter holte mich ab und brachte mich in ein Heim.

Auf diesem Bild ist nur ein Teil der Kinder vom Heim zu sehen. Ich stehe in der zweiten Reihe ganz rechts. So sah damals der Haupteingang vom Gottschalk-Weddigen-Heim aus. Wie man sehen kann, war der Eingang mit grünen Ranken umgeben. Man brauchte nur über den Hof zu gehen, und man war im großen Obst- und Gemüsegarten. Dieser Garten gehörte noch zum Heim.

Gottschalk-Weddigen-Heim

Mein neues Zuhause war das Gottschalk-Weddigen-Heim in Herford. Hier waren Kinder von ein bis vierzehn Jahren untergebracht. Es gab auch eine Säuglingsstation.

Wir waren in zwei Gruppen eingeteilt. Die erste im Alter von ein bis fünf Jahren und die zweite im Alter von sechs bis vierzehn Jahren. Ich gehörte zu der zweiten. Wir waren vier Mädchen und zehn Jungen.

Hier ging ich dann auch zur Schule. Das war die Grundschule in der Falkstraße. Die lag nur ca. 100 m vom Heim entfernt, so daß mein Schulweg diesmal nicht so lang war. Die Schule war bedeutend größer als die Dorfschulen, auf denen ich vorher war. Jede Klasse hatte einen eigenen Raum.

Im Heim wurden wir von einer Ordensschwester betreut. Mittags, wenn wir von der Schule kamen, mußten wir uns umziehen. Danach gab es Mittagessen. Nach dem Essen mußten wir den Tisch abräumen und das Geschirr in die Küche bringen, die sich im Keller befand. Danach mußten wir unter Aufsicht einer Schwester unsere Schulaufgaben machen. Die Aufgaben wurden zum Schluß von der Schwester nachgesehen, und wenn sie nicht sauber und ordentlich gemacht waren, mußten wir alles noch mal machen. Schwester Erna war darin sehr genau. Nachmittags, wenn alles fertig war, durften wir spielen. Ich hatte eine Freundin im Heim mit dem Namen Anita. Wir zwei mußten oft beim Windeln- und Jäckchenaufhängen helfen.

Unterhalb vom Heim lag ein Kindergarten. Der gehörte auch noch zum Heim. Es war das Oberlingenheim. Schwester Änne führte damals diesen Kindergarten. Dort gingen auch Kinder hin, die nicht zum Heim gehörten.

Anita und ich gingen oft nachmittags hinüber und halfen den Kindergärtnerinnen beim Geschirrspülen, Aufräumen und all den Kleinigkeiten. Das machte uns viel Spaß.

Samstags und sonntags durften Anita und ich auch mal im Heim die Säuglinge füttern. Die bekamen Grießbrei und Himbeersaft. So manchen Löffel voll haben wir dann auch probiert, denn für uns große Kinder gab es solche Sachen wie Süßigkeiten und Nachtisch nicht.

Wenn schlechtes Wetter war, spielten wir im Haus. Da gab es einen großen Schrank voll mit Spielen. Und auch sonst waren sehr viel Spielsachen vorhanden. Die Auswahl war groß, obwohl wir viele Kinder waren. Wir mußten sehr sorgfältig damit umgehen und alles nach dem Spielen wieder wegräumen.

Nachmittags, zur Kaffeezeit, gab es immer eine Scheibe Brot mit Butter und Marmelade darauf. Dazu gab es Milch und Kakao zum Trinken.

Wir hatten damals Krieg. Den bekamen wir Kinder auch zu spüren. Eines Mittags erklärte uns die Schwester, daß es ab sofort keine Kaffeezeit mehr gäbe. Also waren die Marmeladenbrote gestrichen. Die Schwester erklärte uns auch warum. Die Lebensmittel wie Brot, Butter usw. wurden knapp und mußten eingeteilt werden.
Im Heim wohnten oben im Haus auch alte Leute. Für diese alten Leute wurden die Butterbrote geschmiert. Die Brotkanten wurden aber abgeschnitten. Die Kanten blieben unten in der Küche liegen und sollten später an die Hühner verfüttert werden, die auch zum Heim gehörten. Aber dazu kam es fast nie. Denn jeden Abend, wenn um sieben Uhr die Glocke läutete, gingen die Schwestern und das übrige Personal nach oben in den Speisesaal zum Abendbrotessen. Dann hieß es für uns, ab in die Küche und die Brotkrusten geholt. Die Köchin drückte für uns immer ein Auge zu.
Aber es gab nicht nur schöne Erlebnisse in diesem Heim. Eines Tages gab es zum Mittagessen Kochfisch. Den mochte ich absolut nicht. Mir schmeckten nicht einmal die Kartoffeln dazu. Also saß ich stumm vor meinem Teller mit dem Kochfisch. Die anderen Kinder waren fertig mit dem Essen, als ich immer noch vor meinem saß. Das Geschirr wurde abgeräumt, nur meines blieb stehen. Ich durfte auch nicht aufstehen. Die Kleinen gingen spielen und die Großen mußten den Tisch abräumen. Als es später Abendbrot gab, saß ich immer noch vor meinem Kochfisch. Beim Geschirrabräumen wurde diesmal auch mein Teller weggeräumt. Danach ging es in den Waschraum zum Waschen und Zähneputzen.
Anschließend ging es in die Betten. Für mich also ohne Mittagessen und Abendbrot. Am anderen Morgen gab es endlich wieder etwas zu essen für mich.

Ein ganz böses Erlebnis gab es in diesem Heim für mich. Es wird mir immer in Erinnerung bleiben, und die Angst aus diesem Vorfall hat mich auch immer begleitet:
Wir Mädchen hatten unseren Schlafsaal oben im dritten Stock. Wir schliefen zu sechs Mädchen in einem Zimmer. Es war noch schönes Wetter und hell war es auch noch draußen, aber wir mußten schon früh ins Bett. Bei so vielen Kindern ging das nun mal nicht anders, erklärte uns die Schwester. Draußen spielten noch andere, größere Kinder, das konnten wir vom Fenster aus beobachten. Wir wären gerne noch dabei gewesen. Anitas Bett stand neben meinem. Uns trennte nur ein Nachttisch. Wir konnten beide noch nicht schlafen, also beschlossen wir, eine Kissenschlacht zu machen. Ein anderes Mädchen aus dem Zimmer sagte, wenn wir eine Kissenschlacht machten, würde sie uns bei der Schwester verpetzen. Sie würde alles auf einen Zettel aufschreiben und ihn der Schwester geben.

Und wir machten doch unsere Kissenschlacht. Am anderen Morgen kam dann die Überraschung. Anita und ich waren die Ältesten im Schlafsaal und hatten die Aufgabe, jeden Morgen die Betten zu machen. Alle sechs Betten. Anita war schneller fertig damit als ich. Sie ging schon nach unten zum Frühstücken. Ich kam als letzte runter. Die Kinder saßen schon alle an ihrem Platz und aßen, das konnte ich durch die offene Tür noch sehen. Bevor ich im Speisesaal war, nahm mich die Schwester und ging mit mir in den Waschraum. Dort nahm sie einen Besenstiel und schlug damit so lange auf mich ein, bis ich grün und blau war. Meine linke Hand, die ich zum Schutz immer vors Gesicht gehalten hatte, sah aus wie ein Boxhandschuh, so geschwollen war sie. Die anderen Kinder waren inzwischen schon alle zur Schule oder in den Kindergarten gegangen. Ich mußte mich erst ein wenig erholen, ich bekam kaum noch Luft. Ich ging dann aber doch noch zur Schule. Ohne Frühstück. Ich kam natürlich zu spät. In der Klasse setzte ich mich gleich auf meinen Platz. Ich konnte mich nicht einmal entschuldigen. Ich bekam einen Weinkrampf und konnte mich überhaupt nicht beruhigen. Mein Klassenlehrer nahm mich bei der Hand und ging mit mir in die Turnhalle. Dort mußte ich mich auf eine Turnmatte legen und wurde mit einer Wolldecke zugedeckt. Anschließend ging der Lehrer wieder in

Auf diesem Bild bin ich als einziges Mädchen zu sehen. Es war ein Sonntag. Mit der Oberschwester machten wir einen Ausflug. Zum Abschluß kamen wir auf einem Bauernhof an. Dort durften wir uns auf dem Strohboden so richtig austoben. Wir hatten große Mühe, uns vom Stroh zu säubern.

seine Klasse. Er schickte eine Schülerin zu mir, die bleiben mußte bis zum Schulschluß. Mittags ging ich wieder zum Heim zurück. Die älteren Kinder sagten mir, ich solle meiner Mutter alles erzählen. Ich sagte meiner Mutter aber nichts, weil sie mich sowieso nur selten nach Hause holte. Mal am Wochenende, so daß ihr gar nicht aufgefallen wäre, daß ich so geschlagen wurde. Wenn ich mal Kummer hatte, war ich immer allein. Auch in den folgenden Jahren. Meiner Mutter wollte ich mich bestimmt nicht anvertrauen. Dies alles geschah im Sommer 1940.
Jetzt war der Sommer vorbei und es kam wieder eine schöne Zeit. Die Adventszeit. Es wurden nachmittags Kerzen angezündet, und dazu sangen wir viele schöne Weihnachtslieder. Für die Weihnachtsfeier studierten wir das Krippenspiel ein. Es war sehr schön, ich durfte einen Engel spielen, das machte mir sehr viel Spaß. Dann kam das neue Jahr. 1941. Der Krieg machte sich immer mehr bemerkbar. Am Tag hatten wir oft Fliegeralarm, dann mußten wir alle in den Luftschutzkeller. Es wurde immer schlimmer mit der Zeit. Wir hatten dann auch nachts Fliegeralarm. Es war so schlimm, daß wir nur noch alle zusammen auf Matratzen im Keller schliefen. Die Bomber flogen über uns hinweg. Von weitem konnten wir die Bombeneinschläge hören. Es war ziemlich unheimlich. Im Haus wurde abends immer alles verdunkelt. Das heißt, jedes Fenster wurde zugezogen und es durfte kein Licht angemacht werden. Wenn wir aus den dunklen Fenstern sahen, konnten wir den hell erleuchteten Himmel sehen. Der Himmel war hell erleuchtet von Leuchtkugeln. In diesem Heim bin ich bis April 1941 geblieben, bevor ich auf den Hof vom Bauern Busse in Hücker-Aschen kam.
Während meines Heimaufenthaltes habe ich die ersten Kontakte zu meiner Großmutter bekommen und möchte jetzt von ihr und ihrem Umfeld berichten.

Die Bombrede

Zwei Jahre, bevor ich 1952 geheiratet habe, wohnte ich bei meiner Mutter in der Bombrede, in der auch schon meine Großmutter gewohnt hatte. Was ich in dieser Zeit gesehen und erlebt habe, möchte ich erzählen:
Wie armselig wohnten hier die Menschen! Wenn ich nur an das Wasserholen denke. Da hatten wir es auf dem Bauernhof, auf dem ich vorher war, doch einfacher. Dort ging man zur Pumpe und stellte den Eimer darunter. Nur ein paar Pumpenschläge und der Eimer war voll. Da hatte es meine Mutter in der Bombrede schwerer. Mit zwei großen Zinkeimern ging sie nach draußen zum Brunnen. Mit einer Handkurbel zog sie den gefüllten Wassereimer wieder heraus. Es war nicht leicht, den gefüllten Eimer hochzuziehen. Meine Mutter trug die schweren Eimer in die Wohnung, stellte sie unter den Küchentisch und deckte

In diesen Unterkünften lebten auch »Mutter Grün«, ihre Tochter und ihre Enkelin.

sie jeweils mit einem Deckel ab. Mit Wasser mußte sie sparsam umgehen, denn etwa 14 Familien teilten sich einen Brunnen. Fast alle waren Großfamilien von vier bis acht Personen. Meine Mutter arbeitete zu dieser Zeit in einer Wäscherei. So hatte sie das Glück, daß sie zu Hause keine Wäsche waschen mußte.
Ich hatte immer Angst, wenn Kinder mit den großen Eimern zum Brunnen geschickt wurden. Manche Kinder, die sich über den Brunnenrand beugten, waren nicht älter als zehn Jahre. Um an den vollen Wassereimer zu kommen, kletterten einige auf den Brunnenrand und zogen den vollen Eimer zu sich heran. Wie leicht konnten sie dabei in den Brunnen fallen.
Wie war es, wenn wir zur Toilette mußten? Das Plumpsklo stand draußen hinter der Baracke. Dorthin gingen wir bei Wind und Wetter. Bevor wir in unserer Wohnung waren, plagte uns ein Juckreiz. Wir hatten uns ein paar Flöhe gefangen und mußten sie wieder loswerden. Das dauerte eine Weile.
Das Plumpsklo stank entsetzlich. Die Gülle wurde nicht richtig entsorgt. Wer seine Fenster nach hinten heraus hatte, konnte kaum lüften. Statt frischer Luft kam der Gestank herein. Es gab viel Ungeziefer, Läuse, Wanzen und wie schon gesagt Flöhe. Der Unrat, den wir heute in Mülltonnen kippen, wurde dort offen auf eine Halde geworfen. Da blieb es nicht aus, daß sich die Ratten dort wohl fühlten.
Früher nannte man dieses Barackenviertel Bombrede. Daraus wurde später Bornbrede. 1969 wurden die Baracken abgerissen, und die neu bebauten Straßenzüge erhielten neue Namen.

»Mutter Grün«

Die Zeit, als ich in diesem Heim in Herford war, dauerte etwa ein Jahr. In dieser Zeit holte meine Mutter mich schon mal am Wochenende zu sich nach Hause. Ein- bis zweimal im Monat. Ich lernte dadurch meine Großmutter näher kennen. Sie sah anders aus als andere Großmütter, die ich kannte. Sie war sehr bunt gekleidet. Die Großmütter, die ich kannte, hatten lange dunkle, meist schwarze Kleider an. Meine Oma war eine sehr arme Frau. Ihren Lebensunterhalt verdiente sie sich mit dem Verkauf von Kurzwaren, Gummibändern, Knöpfen, Nähnadeln und allem möglichen Kleinkram. Diese Sachen kaufte sie sich bei Dreisbach am Lübbertor in Herford. Für viele alte Herforder als Klüngel-Dreisbach in Erinnerung. In diesem Laden gab es so viel. Vom Hosenknopf bis zur Säge. Meine Oma packte alles in einen alten Kinderwagen. Dann zog sie los zum Bahnhof. Unter der Bahnhofsunterführung, die zur Engerstraße führte, stellte sie sich hin. Jeden Tag. Egal bei welchem Wetter. Auch im Winter. Für die Herforder war sie ein Original. Sie wurde »Mutter Grün« genannt. Durch ihre Art und Weise wurde sie oft von Kindern gehänselt. Allerdings auch von den Erwachsenen. Wenn die Kinder oder Erwachsenen es zu weit

Als diese Bilder aufgenommen wurden, ging es meiner Großmutter noch relativ gut.
Sie war schon eine elegante Frau und sah gut aus, wie man sieht.

trieben, packte sie sich ihren Stock, den sie immer dabei hatte, und verjagte die Bösewichter. Ich habe sie noch in guter Erinnerung. Wenn sie zu Hause war, besuchte ich sie schon mal. Zu ihrer Ware gehörten auch schöne Perlenketten. Es waren billige, aber für mich waren sie schön. Eines Tages schenkte sie mir eine davon. Ich freute mich sehr darüber und es war ein Schatz für mich. Leider hatte ich nicht viel Freude daran. Als ich mit der Kette zu meiner Mutter kam und ich sie ihr zeigte, befahl sie mir sofort, sie zurückzugeben. Ich durfte von der Oma nie etwas annehmen. Später durfte ich sie nicht einmal mehr besuchen. Darüber war ich sehr traurig.

Als 1939 der Zweite Weltkrieg ausbrach, begann für meine Großeltern eine sehr schwere Zeit. Der Opa, »Trompeten-Oskar«, starb 1942. Die Oma, »Mutter Grün«, fuhr mit ihrem Kinderwagen weiter unter die Bahnbrücke und verkaufte ihre Ware. Wenn sie nicht unter der Brücke stand, fuhr sie mit dem Kinderwagen über Land in die Dörfer um Herford.

Auch an den Haustüren, an denen sie vorbeikam, verkaufte sie ihre Ware. Gerne ging sie auf die Bauernhöfe. Die Bauern hatten nicht die Zeit, nur

So konnte man sich »Mutter Grün« unter der Bahnbrücke vorstellen.

wegen Gummiband oder Wäscheknöpfen in die Stadt zu fahren. So waren sie froh, wenn »Mutter Grün« mit ihren Kurzwaren zu ihnen kam. Ihre Spitze, die sie noch immer verkaufte, war sehr gefragt. Es wurde immer etwas gekauft, und so ging sie gerne zu den Bauern.

Zu ihrem kleinen Verdienst bekam sie schon mal etwas Wurst oder ein Stück Fleisch, auch mal ein Ei dazu. Ab und zu gab es für sie eine warme Mahlzeit.

Sie mußte gut zu Fuß sein, denn es waren weite Wege, die sie mit ihrem Kinderwagen »abklappern« mußte.

Oft wurde sie wegen ihres Aussehens gehänselt. Das machte ihr das Leben noch schwerer.

Es gab aber auch liebe Menschen in der Nachbarschaft. Da war noch der kleine Krämerladen Buchholz an der Mindener Straße. Dort kaufte die Oma »Mutter Grün« ihre Lebensmittel. Es kam oft vor, daß die alte Frau Buchholz ihr heimlich etwas zusteckte.

Auch die anderen Leute von der Bombrede kauften dort ein. Die Lebensmittel wurden damals nach Wunsch abgewogen. Wie oft kam es vor, daß die Leute nur abgezähltes Geld bei sich hatten. So hieß es nicht 1/4 Pfund Zucker, sondern sie verlangten zum Beispiel für 30 Pfennig Marmelade und für 20 Pfennig Zucker. So wurden die 50 Pfennig, die sie nur hatten, aufgeteilt.

In den letzten drei Monaten konnte die Oma sich von ihrem Verdienst nicht mehr ernähren. Es war ihr nicht mehr möglich, mit ihrem Wagen so oft in die Stadt zu gehen, weil sie immer schwächer wurde. Es müssen liebe Menschen gewesen sein, die dafür sorgten, daß sie Geld vom Sozialamt bekam. Ohne diese Hilfe wäre sie verhungert.

Die Oma ist in all den Jahren, in denen sie in Herford wohnte, nie jemandem zur Last gefallen. Als sie 1950 starb, mußte meine Mutter das Geld, das die Oma vom Sozialamt erhalten hatte, wieder zurückzahlen. So blieb sie auch nach ihrem Tode keinem Menschen etwas schuldig.

Meine Mutter – Teil 2

Meine Mutter war sehr verbittert und streng. Mit den Nachbarskindern durfte ich nicht spielen. Machte ich mich schmutzig, bekam ich dafür Schläge. Sie schlug dann wahllos zu. Wo sie mich traf, war ihr egal. Es gab aber auch schöne Stunden. Im Sommer, wenn ich mal wieder zu Hause war, gingen wir schon mal zum Waldfrieden in den Tierpark. Auch auf die Kirmes gingen wir. Die hieß damals schon »Vision«. Dann wurde viel Kettenkarussel gefahren. Das machte mir großen Spaß. Dann gab es auch ein Eis und Zuckerwatte. Das war aber nur in dem Jahr, als ich noch in dem Heim war, im Sommer 1941.
Ich mußte leider feststellen, daß meine Mutter mit der Oma kein einziges Wort sprach. So lange wie die Oma lebte, bis zum Schluß. Als sie schon anfing zu kränkeln, ist es auch so geblieben. Dieses Schweigen habe ich in den späteren Jahren auch zu spüren bekommen.
Sie wohnten beide in einer Baracke. Das Viertel, in dem sie wohnten, nannte man früher die Bombrede. Dort standen zehn solch großer Steinbaracken.

Meine Mutter war 1942, als diese Aufnahme gemacht wurde, 33 Jahre alt.

Auf der rechten Seite die neu ausgestellte Heiratsurkunde meiner Großeltern.

Heiratsurkunde

(Standesamt _Herford-Stadt_ Nr. _239/1907_)

Der _Weber Friedrich Karl Hirschfeld_,
evangelisch, wohnhaft _in Herford, Bahndamm 127_,
geboren am _25. August 1866_ in _Elende Kreis Hohenstein_

(Standesamt _____ Nr. _____), und

die _Arbeiterin Anne Jenkel_
evangelisch, wohnhaft _in Herford, Rosenstrasse 17_
geboren am _29. Juni 1882_ in _Greiszvennen Kreis Tilsit_

(Standesamt _____ Nr. _____),
haben am _10. Dezember 1907_ vor dem Standesamt
Herford-Stadt die Ehe geschlossen.

Vater des Mannes: _Weber Karl Friedrich Hirschfeld, verstorben und zuletzt wohnhaft in Lipprecht,_

Mutter des Mannes: _Johanne Henriette Wilhelmine Hirschfeld geborene Hirschfeld, verstorben und zuletzt wohnhaft in Monchelohra_

Vater der Frau: _Losmann Asdbmis Jenkel, verstorben und zuletzt wohnhaft in Langszargen_

Mutter der Frau: _Urte Jenkel geborene Gallinat, verstorben und zuletzt wohnhaft in Langszargen_

Vermerke: _____

Herford, den _19. Oktober_ 19_42_

Der Standesbeamte

Eheschließung der Eltern:

des Mannes am _____ (Standesamt _____ Nr. _____)
der Frau am _____ (Standesamt _____ Nr. _____)

Jede hatte drei Eingänge, mit Zimmern rechts und links vom Flur abgehend. Die Menschen zu der Zeit hatten sehr wenig Wohnraum zur Verfügung. Es wohnten dort Obdachlose, Großfamilien und auch Zigeuner und fliegende Händler. Es gab keine sanitären Einrichtungen wie heute, sondern es teilten sich immer vier Baracken einen Brunnen. Mit einer Kurbel mußte das Wasser im Eimer hochgezogen werden. Es kam oftmals zum Streit und zu Schlägereien. Daher war die Bombrede bei den übrigen Herforder Bewohnern sehr verrufen.
Im Zweiten Weltkrieg wurden in Deutschland die Juden verfolgt. Auch meine Mutter bekam dies zu spüren.
Im Oktober 1942 erhielt sie eine Aufforderung, ins Herforder Rathaus zu kommen. Sie war ahnungslos, als sie das Zimmer betrat. Als erstes stellte man ihr die Frage, ob sie Jüdin sei. Diese Frage nahm meine Mutter nicht ernst. So gab sie zur Antwort: »Wenn mein Portemonnaie leer ist, bin ich Jude.« Aber sie wurde schnell wachgerüttelt, als man sie in drohendem Ton zur Ordnung rief: Sie wurde aufgefordert, durch Dokumente zu beweisen, daß sie keine jüdischen Vorfahren habe. Ihr Hausname ›Hirschfeld‹ war Anlaß zur Vorladung im Rathaus gewesen. Dieser Name war auch bei jüdischen Familien gebräuchlich. Ich fand nach ihrem Tode zwischen ihren Papieren eine neu ausgestellte Heiratsurkunde meiner Großeltern: »Mutter Grün« und »Trompeten-Oskar« vom 19. Oktober 1942.

Hücker-Aschen

Vom Herforder Kinderheim bin ich nach Hücker-Aschen auf den Bauernhof gekommen. Meine Mutter holte mich vom Heim ab und brachte mich nach dort. Sie blieb nicht lange, sie gab mich praktisch nur ab und das war's. Jetzt stand ich da. Es war immer noch 1941. Ich war gerade neun Jahre alt und mir selbst überlassen. Es war alles so fremd und ich hatte Angst. Es war niemand da, den ich kannte. Die Bauersleute hatten eine kleine Tochter. Sie hieß Charlotte und war erst zwei Jahre alt. Sie wurde Lotte gerufen und wir zwei freundeten uns schnell an. In den ungefähr fünf Jahren, in denen ich in Hücker-Aschen auf dem Hof lebte, waren wir fast wie Geschwister zueinander, denn Lotte war ein Einzelkind. Sie wurde natürlich von allen arg verwöhnt.
Es war Krieg. Den Bauern ging es nicht schlecht. Die Städter mußten auf Lebensmittelkarten einkaufen. Von dem, was man auf Karten bekam, konnten die Menschen in den Jahren 1944 bis 1947 nicht satt werden. Die Städter

waren benachteiligt. Sie besaßen ja kein Land und kein Vieh, mit dem sie sich hätten versorgen können. So kamen die Städter aufs Land zu den Bauern und hamsterten alles, was sie zum Leben brauchten, wie z.B. Brot, Butter, Eier, Kartoffeln und vieles mehr.
Es gab alles, aber nicht umsonst. Die Bauern verschenkten sehr selten etwas. Alles wurde eingetauscht, da das Geld, das die Menschen hatten, nicht viel wert war. Alles, was im Haushalt war, wurde getauscht gegen Lebensmittel, wie z. B. Bettwäsche, Handtücher, Geschirr, sogar Silberbestecke und Teppiche, kurz alles, was brauchbar war. Den Bauern ging es dabei nicht schlecht. Ihnen fehlte es fast an nichts und ihre Schränke waren voll.
Hier in Hücker-Aschen ging ich auch zur Schule. Es war wieder eine kleine Dorfschule mit nur drei Klassenräumen. Also waren wieder zweimal zwei und einmal drei Klassen in einem Raum. Hier lernte ich auch meine Freundin Ruth kennen. Sie hatte auffallend schöne blaue Augen. Jedes Frühjahr, wenn die Vergißmeinnicht blühten, mußte ich an Ruth denken. Das ist bis heute so geblieben. Wir gingen damals durch dick und dünn, wie man so schön sagt. Zu uns gesellte sich noch ein Mädchen, das hieß Marianne. Wir waren so ziemlich ein Alter, und oft, wenn wir zu dritt spielten, stritten sich Ruth und

Dieses ist der Hof von Bauer Busse in Hücker. Vor dem Hof standen damals mehrere Eichen. Wie man auf dem Bild sieht, sind einige auch heute noch da.
Auf diesem Hof war ich von 1941 bis 1946. Im Jahre 1946 bin ich in Hücker-Aschen von Pastor Bölke konfirmiert worden.

Marianne. Die zwei haben sich auch schon mal geprügelt. Danach sahen sie sich ein paar Tage nicht mehr an. Das war manchmal problematisch mit den beiden. Ich hielt mich aus den Streitereien lieber raus, ich hatte zu Hause selber genug Probleme, denn ich war auf dem Bauernhof nicht als Pflegekind, sondern ich war als Kindermädchen da. Lotte war noch sehr klein, und ich mußte fast ständig auf sie aufpassen.

Die Zeit in Hücker-Aschen war im allgemeinen nicht schlecht. Ich hatte meine eigene kleine Kammer, in der ich schlief. Dort stand außer dem Bett noch eine Wäschekommode. Das Bett war mit Stroh ausgelegt, darüber kam ein Bettlaken. Das Stroh wurde einmal im Monat getauscht. Man konnte recht gut darauf schlafen, es war auch schön warm.

Ich war noch nicht sehr lange bei den Bauersleuten, da bemerkte man, daß ich meine eigenen Haustiere mitgebracht hatte. Ich hatte ein furchtbares Jucken auf dem Kopf. Die Bäuerin schaute nach und stellte fest, daß ich voller Läuse saß. Meine Mutter mußte kommen und sie wurde aufgefordert, dafür zu sorgen, daß mein Kopf wieder sauber würde. Sie kam dann jedes Wochenende und kämmte meine Haare mit einem sehr feinen Kamm durch. Es dauerte mehrere Wochen, bis ich von diesen Viechern befreit war. Langsam hatte ich mich auch eingewöhnt. Abends, wenn die Bäuerin das Vieh versorgte sowie mit Melken, Ausmisten und Füttern beschäftigt war, brachte ich Lotte zu Bett. Bis sie eingeschlafen war, legte ich mich meistens zu ihr. Da habe ich mit ihr ein Abendgebet gesprochen, und anschließend habe ich sie in den Schlaf gesungen. Es kam aber auch vor, daß Lotte gar nicht einschlafen konnte. Dann war ich vor ihr eingeschlafen. Wenn die Bäuerin dann mit der Stallarbeit fertig war, schaute sie noch schnell ins Schlafzimmer und stellte fest, daß Lotte und ich eingeschlafen waren. Sie weckte mich, ich stand auf und ging in meine Kammer. Lotte schlief bei ihren Eltern im Bett. Die Betten waren mit wunderbar weichen Matratzen ausgelegt, nicht mit Stroh wie bei mir. Lotte und ich hegten schon lange mal den Wunsch, zusammen in einem Bett zu schlafen. Im Herbst war es dann soweit.

Lottes Tante hatte eine Zuckerrübenfabrik, in der aus den Rüben Sirup hergestellt wurde. Die Fabrik war ein ganzes Stück entfernt in einem anderen Dorf. Da es, weil ja Krieg war, kaum Männer in den Firmen gab, fuhr in diesem Herbst Lottes Vater dorthin, um zu helfen. Mit dem Fahrrad war es zu weit, um jeden Abend nach Hause zu kommen. So blieb er dann die ganze Woche. Das war jetzt die Gelegenheit für uns. Wir fragten noch mal Lottes Mutter, ob wir in einem Bett schlafen durften, und sie erlaubte es. Das war allerdings auch das einzige Mal und auch nur für eine halbe Nacht. Ich hatte mich so darauf gefreut, auch mal auf so schönen weichen Matratzen zu schlafen. Lotte und ich schliefen also schon selig, als ihre Mutter zu Bett ging. Mitten in der Nacht wurde ich dann von einem entsetzlichen Geräusch wach. Lottes Mutter schlief fest und schnarchte dabei so furchtbar, als ob sie einen ganzen Wald absägen wollte. Lotte war das ja gewohnt, aber ich konnte nicht wieder einschlafen. So stand ich leise auf und bin in meine eigene Kammer gegangen, wo ich in Ruhe weiterschlafen konnte. Eine solche Woche hatten wir jedes Jahr zur Zuckerrübenernte. Das waren für mich die schönsten Tage, da gab es keine Schelte oder Schläge. Aber dazu später.

Auf dem Hof in Hücker-Aschen gab es allerhand Nutzvieh: Schweine, Hühner, Gänse, Kühe, Pferde und Schafe. Ende Mai wurden diese Schafe geschoren. Danach wurde die Wolle gewaschen und zum Trocknen aufgehängt. Es dauerte viele Tage bis die dicke Wolle ausgetrocknet war. Im Winter dann, wenn es draußen nichts mehr zu tun gab, wurde die Wolle zu Garn versponnen. Dazu setzte sich der Vater von Lotte an ein Spinnrad.

Bevor er aber anfangen konnte, mußte die Wolle erst gezupft werden. Das war eine ziemliche Puzzle-Aufgabe. Dazu setzten Lotte und ich uns unter den Tisch, weil das der beste Platz dafür war. Zuerst mußten wir die Schmutzstellen, die beim Waschen nicht rausgegangen waren, rausziehen.

Danach wurde die Wolle ganz fein auseinander gezogen, so daß sie sich zu einem Faden ziehen ließ. Ich selbst habe es auch einmal probiert. Das war eine Technik für sich. Man mußte mit Händen und Füßen gleichzeitig am Spinnrad arbeiten. Mich brachte das immer aus dem Rhythmus. Es war einfach noch zu schwer für mich.

Lotte wurde allmählich älter und selbständiger. Ich mußte nicht mehr so viel auf sie aufpassen. Dafür mußte ich jetzt mehr arbeiten. Immer wenn ich mit Ruth und Marianne spielen wollte, hieß es: »Wenn du essen willst, mußt du auch arbeiten.« Das hörte ich immer wieder, und ich habe für mein Essen viel arbeiten müssen.

In der Schule wurde ich dafür immer schlechter. In den fünf Jahren, in denen ich auf dem Hof war, blieb ich zweimal sitzen. Ich mußte mir alles selbst beibringen, es war keiner da, der mir bei den Hausaufgaben helfen konnte. Dafür war einfach keine Zeit. Auf Körperpflege wurde kein großer Wert gelegt. Auch die Haare wurden so gut wie nie gewaschen. Eine Zahnbürste kannte ich gar nicht. Alle vier bis fünf Wochen fuhr ich zu meiner Mutter nach Herford. Es war von Samstagabend bis Sonntagabend. Im Sommer, in der Erntezeit, durfte ich nicht nach Hause. Meine Mutter arbeitete zu dieser Zeit in einer Wäscherei. Alle paar Wochen kam sie und tauschte meine Schmutzwäsche gegen saubere Wäsche aus. Ich hatte kaum was anzuziehen. Wenn meine Wäsche arg verschmutzt und zerrissen war, gab es dafür oft Schläge. Meine Unterwäsche konnte ich nicht, wie es heute üblich ist, täglich wechseln. Später war es schon so, daß jedesmal wenn meine Mutter kam, ich mich versteckte. Sie legte auch keinen großen Wert darauf, ob ich nun da war oder nicht. Sie fuhr immer schnell wieder nach Hause.

Ein Geschenk zu meinem Geburtstag habe ich in Hücker-Aschen in der Zeit nur zweimal erlebt. In der Nachbarschaft gegenüber wohnte die Großmutter von Günther. Günther ging mit mir zusammen zur Schule und wurde auch mit mir zusammen konfirmiert. Die Oma hatte am gleichen Tag Geburtstag wie ich. Dann backte die Bäuerin ihr immer eine Buttercremetorte. Die bekam sie geschenkt. Am nächsten Tag brachte Günthers Mutter dann die Tortenplatte zurück. Aber die Platte war nicht leer. Es lag noch ein Stück Torte darauf. Dieses Stück bekam ich von der Oma geschenkt. Aber das geschah, wie gesagt, nur in den ersten zwei Jahren, denn danach starb die Oma, und aus war es mit der Buttercremetorte zum Geburtstag. Den Geburtstag kannte ich, wie die anderen Feiertage – Ostern, Pfingsten und Weihnachten – nur vom Kalender her.

In den ersten zwei Jahren fuhr ich noch regelmäßig nach Hause. Das wurde aber wegen des Fliegeralarms immer gefährlicher. Zuerst fuhr ich immer mit der Kleinbahn, doch dann fielen in Herford die ersten Bomben. Ständig war Alarm.

Es kamen für mich jetzt ziemlich lieblose Jahre. Auch durch den Krieg, den wir immer mehr zu spüren bekamen. Zum Geburtstag gab es gar nichts mehr, auch nicht zu Weihnachten. Ich besaß nicht einmal eine Puppe. Zu den Festtagen und wenn Besuch kam, wurde in der guten Stube gegessen. Ich mußte mithelfen, den Tisch zu decken, das Essen mit auftragen helfen, den Tisch wieder abräumen und das Geschirr abwaschen, aber essen mußte ich allein in der Kochküche. Ich war erst zehn Jahre alt, aber man ließ mich deutlich spüren, daß ich nicht zur Familie gehörte. Ich durfte, wenn Besuch da war, nie am Tisch sitzen und essen. Nicht einmal zu Weihnachten, wenn der Weihnachtsbaum aufgestellt war. Durch ein kleines Fenster, das zur Diele ging, konnte ich sehen, wie die kleine Lotte ihre Geschenke auspackte. Ich erinnerte mich an das Weihnachtsfest im Kinderheim, wie schön das doch gewesen war. Etwas schöner war da doch die Adventszeit auf dem Hof. Dann backte Lottes Mutter Plätzchen. Sie konnte gut backen. Sie backte jede Woche Plätzchen von zwei Pfund Mehl. Vom ersten Adventssonntag bis Weihnachten. Jede Woche. Wenn sie fertig gebacken waren, kamen sie in eine große Dose. Günther kam jeden Abend rüber. Das hatte einen bestimmten Grund. Diese Plätzchen hatten es uns beiden angetan. Wenn ich Lotte zu Bett gebracht hatte, haben wir uns über die Plätzchen hergemacht. Die Bäuerin war zu der Zeit immer im Stall zum Kühemelken, und dabei sang sie so laut und falsch, daß sie uns unmöglich hören konnte. Aber irgendwann merkte sie dann doch, daß die Dose immer leerer wurde. Sie hatte auch ihren Spaß daran und versteckte die Dose jedesmal an einem anderen Ort. Aber Günther und ich fanden sie ja doch.

Es kam auch mal vor, daß Lotte mit ihren Eltern zu Besuch bei Verwandten war. Wenn morgens das Vieh versorgt war, fuhren sie mit dem Fahrrad los. Ich mußte zu Hause bleiben und den Hof hüten. Sie kamen meist erst am späten Nachmittag zurück zur Viehfütterung. Ich war dann den ganzen Tag über allein. Ab und zu ging ich durchs Haus und die Ställe und sah nach, ob alles in Ordnung war. Als ich an einem solchen Tag gerade mal wieder nachsah, bemerkte ich, daß eine der Kühe dabei war, ein Kälbchen zu bekommen. Ich hatte so etwas noch nie gesehen. Ich sah, daß bei der Kuh zwei Beine hinten rausschauten. Ich bekam Angst und lief in meiner Not zum Nachbarhof. Ich hatte Glück und der Bauer war zuhause. Ich erzählte ihm, was los war, und er lief schnell mit mir wieder rüber zu uns. Er sah auf Anhieb, daß diese Kuh ihr Kälbchen nicht ohne Hilfe bekommen konnte. Ich mußte einen Strick holen, den er um die Beine des Kalbes legte. Dann mußte ich ihm helfen zu ziehen. Immer wenn er das Kommando gab, zogen wir, bis das Kälbchen ganz da war. Es wurde kräftig mit Stroh abgerieben. Und es dauerte nicht lange, bis es auf den Beinen stand, zwar noch wackelig, aber es stand. Das war süß anzusehen.
Ja, mit Tieren habe ich auf dem Hof viel erlebt. So auch mit dem Pferd Max. Wir brauchten morgens keinen Wecker. Jeden Morgen Punkt fünf Uhr weckte uns Max, indem er mit den Hufen gegen die Stalltür schlug. Der Bauer mußte dann sowieso aufstehen. Schlimmer war es, wenn sich der Bauer mittags zu einem Schläfchen hinlegen wollte. Dann wurde er von Max aber kräftig gestört. Er schlug immer mit den Hufen gegen die Stalltür. So manche ging dabei kaputt. Dafür hat Max meistens was mit der Peitsche bekommen. Aber diese Unart hat man ihm nie austreiben können.
Mit unseren Gänsen gab es auch so manches lustige Erlebnis. Wenn auf dem Hof das Korn gedroschen wurde, gab es immer eine Menge Abfall. Diesen Abfall nannte man Spreu, und diese Spreu wurde auf einen großen Haufen gefegt. Genau diesen Haufen suchten sich die Gänse zum Eierlegen aus. Sie legten jeden zweiten Tag ein Ei. Die Eier waren circa dreimal so groß wie Hühnereier. Ich mußte die Eier immer zusammensuchen. Die Gänse mochten das gar nicht. Sie fauchten und schnatterten mich an und liefen hinter mir her. Jedesmal, wenn sie ein neues Ei gelegt hatten, versteckten sie es und immer an einer anderen Stelle. Zum Teil scharrten sie es richtig zu, so daß ich die Eier immer suchen mußte.
Am Anfang hatten wir nur zwei Gänse, von denen die eine auf einem Bein hinkte. Darum hieß sie auch Hinkebein. Es wurden nach und nach mehr Gänse. Hinkebein war aber immer ihre Anführerin. Sie zeigte den anderen den Weg, wenn ich sie in den Stall treiben mußte. So auch eines abends im Sommer. Weil es lange hell blieb und wir Schulkinder Ferien hatten, durfte ich länger aufbleiben. Lotte schlief schon. Eins hatte ich jetzt noch zu tun, nämlich die

Gänse in den Stall treiben. Das hatte aber einen Nachteil für mich. Die Gänse waren in einem Schweinestall untergebracht. Die Ställe waren abgeteilt. Bevor die Gänse in ihrem Stall waren, mußten sie einen langen Gang entlanglaufen. An beiden Seiten waren die Schweine untergebracht. Aber sobald die Schweine uns hörten, fingen sie an zu quieken, sprangen dabei mit den Vorderbeinen auf die Mauer und schauten mit den Köpfen über die Brüstung. Davor hatte ich furchtbare Angst. Also kroch ich den Gänsen auf allen vieren voraus, bis ich an der Stalltür angekommen war. Ich machte die Tür weit auf, damit die Gänse in ihren Stall gehen konnten. Hinkebein spielte mir natürlich einen Streich. Immer wieder. Dabei hatte ich es doch so eilig. Ich wollte noch ins Dorf und mit den anderen Kindern spielen. Zuletzt packte mich die Wut. Ich packte Hinkebein am Hals, hob sie hoch und brachte sie selber in den Stall. Danach waren wir beide schlauer. Von da an ging Hinkebein immer von selbst in ihren Stall, und ich brauchte keiner Gans mehr den Hals langzuziehen. Denn dabei habe ich ganz gehörig etwas von den Flügeln um die Ohren bekommen. Und das tat sehr weh.
Jeden Samstagnachmittag mußte ich einen Zentner Gerste zur Mühle bringen. Dabei half mir der Hund Hasso. Hasso bekam dann ein Geschirr für Hunde um, an das man einen Bollerwagen anhängen konnte. In den Wagen wurde die Gerste gepackt, damit Hasso und ich losgehen konnten. An der Mühle hatten wir immer etwas Wartezeit, während das Korn zu Schrot gemahlen wurde. In der Zeit konnte ich Hasso streicheln und verwöhnen, das hatte er sehr gerne. Wenn der Müller dann den Sack voll Schrot in den Wagen gelegt hatte, ging es wieder nach Hause. Als Lohn bekam Hasso jedesmal ein Stück Schwarzbrot, das er so gerne mochte. Wenn ich ihn samstags holte, freute er sich immer sehr. Er war ein Schäferhund, den ich mir vom Nachbarn gegenüber auslieh. Er war an einer Kette angebunden. Seine Hütte stand gleich neben einem großen Misthaufen. Sein Herrchen war nicht gut zu ihm. Er wurde viel geschlagen.
Es war an einem Donnerstag, und ich mußte nach Spenge zum Konfirmandenunterricht. Es war Sommer und sehr warm. Aus den umliegenden Dörfern mußten die Kinder immer alle nach Spenge zum Unterricht, da es zu wenig Pastoren gab. Sie mußten fast alle in den Krieg. So wurden wir zusammen in Spenge unterrichtet. Unser Pastor damals hieß Hans Thimme. Er war der spätere Präses der evangelischen Kirche von Westfalen und hält heute noch – 88jährig – zu Goldenen Konfirmationen in Spenge, seiner Heimatgemeinde, Gottesdienste ab. Wir saßen alle in einem großen Raum, wo immer fünf Stühle in einer Reihe standen. Ich saß gleich auf dem ersten Stuhl am Rand. Da es heiß und stickig war, machte Pastor Thimme die Tür weit auf. Der Unterricht hatte gerade angefangen, als sich jemand neben mir niederließ. Es war Hasso.

Er mußte sich irgendwie von der Kette losgerissen haben und war mir gefolgt. Der Pastor war damit natürlich nicht einverstanden und jagte Hasso wieder raus. Es dauerte jedoch nicht lange und Hasso lag wieder neben mir. Das wiederholte sich genau dreimal, dann machte der Pastor die Tür zu. Nach einer Stunde war der Unterricht aus. Ich ging als erste hinaus um zu sehen, wo Hasso geblieben war. Er war weg. Ich habe ihn noch gesucht, aber er blieb verschwunden. Ich habe ihn nie wieder gesehen. Darüber war ich sehr traurig, denn ich mochte ihn sehr gerne. Von nun an mußte ich meinen Bollerwagen selbst zur Mühle ziehen. Jeden Samstag. Sommer wie Winter.

Mit zwölf, es war gerade Sommer, setzte meine Pubertät langsam ein. Ich hatte des öfteren Bauchweh, konnte aber leider niemanden fragen, woher das kam. Kurz vor den Sommerferien sollten wir Kinder in der Schule die Pockenimpfung bekommen. Ich hatte einen bunten Rock und eine Bluse an. Dazu trug ich eine Schürze, was bei den Mädchen damals so üblich war. Die Jungen waren erst später dran. Bis es soweit war, saßen wir Mädchen dann auf Stühlen und warteten. Neben mir saß Hildegard. Sie war größer und stabiler als ich und auch schon viel reifer. Plötzlich stand ich auf, denn ich bemerkte, daß mein Rock hinten ganz feucht wurde. Er hatte hinten einen großen roten Fleck und ich wußte nicht, woher dieses Blut kam. Hildegard wußte aber gleich was geschehen war. Sie ging mit mir in den Keller, wo sich die Waschräume befanden. Ich zog den Rock aus und Hildegard wusch den Fleck raus. Danach zog ich den Rock wieder an und drehte die feuchte Seite nach vorne. Davor band ich dann die Schürze. Hildegard hat mir nicht erzählt, wie das gekommen war. So blieb für mich alles immer noch im dunkeln. Ich bin nie aufgeklärt worden, und ich war in dem Moment sehr unglücklich.

Nachdem wir Kinder unsere Impfe bekommen hatten, gingen wir wieder nach Hause. Die Not war groß. Ich hatte Angst. Da ich mir nicht anders zu helfen wußte, ging ich immer wieder an den Wäscheschrank der Bäuerin und holte mir frische Unterwäsche zum Wechseln heraus. Ich selber besaß ja kaum was. Am Abend bemerkte es die Bäuerin und auch sie klärte mich nicht auf. Sie legte mir eine Strickbinde hin und sagte mir, was ich damit tun sollte. Meiner Mutter wurde Bescheid gegeben. Sie hatte dafür zu sorgen, daß ich meine Binden bekam. Sie aber brachte mir zu wenige mit. Ich kam nie damit aus, so daß es für mich immer eine rechte Not war. Das blieb auch in den folgenden Jahren so, und ich begreife heute noch nicht, wie ich als junges Mädchen damit fertig geworden bin. Ich kam häufig in peinliche Situationen deswegen.

Ruth und ich paßten damals öfter auf die Nachbarskinder auf. Die beiden Jungen hießen Volker Hartwig und Lothar Nolte. Es war im Spätsommer, die Äpfel waren reif. Die Apfelbäume standen rechts und links einer abschüssigen Straße. Wer die Äpfel kaufen wollte, mußte sie damals noch selber pflücken.

So stand dann ein Mann auf einer Leiter an einem Baum und pflückte Äpfel. Ruth und ich wollten mit einem Bollerwagen die Straße runterfahren. Volker und Lothar kamen in die Mitte des Wagens. Ich nach vorne, die Deichsel zum Lenken zwischen die Beine geklemmt und Ruth saß zum Bremsen hinten. Dann ging es los. Der Wagen wurde immer schneller und ich bekam Angst. Ich schrie Ruth an, sie solle bremsen. Sie schrie jedoch zurück, daß sie nicht könne. Der Bollerwagen wurde immer schneller und wir fuhren genau auf den Mann auf der Leiter zu. Kurz davor lenkte ich den Wagen aus Panik in den Graben, der hoch mit Brennesseln bewachsen war. Volker und Lothar flogen in hohem Bogen aus dem Wagen direkt in die Nesseln.

Der Mann auf der Leiter schaute uns mit großen Augen an und war kreidebleich geworden. Wir hatten die Leiter nur um Haaresbreite verfehlt. Volker und Lothar schrien aus Leibeskräften. Der Wagen war nicht mehr zu gebrauchen, aber bis auf ein paar blaue Flecken und Prellungen war uns nichts weiter passiert. Wir müssen alle einen Schutzengel gehabt haben.

Ich habe dafür ausnahmsweise keine Prügel bekommen, aber auch nur, weil wir Lotte nicht mitgenommen hatten. Eine gute Seite hatte die Sache aber doch. Ruth und ich mußten nie wieder auf Volker und Lothar aufpassen.

Zum Thema Prügel hatte der Vater von Lotte so seine eigene Technik. Er klemmte sich meinen Kopf zwischen seine Beine. Dann nahm er seinen Rohrstock und schlug damit, wie er konnte, auf mich ein. Er ließ so richtig seine Wut an mir aus. Ich durfte dabei nicht schreien, bloß keinen Ton von mir geben. Wenn doch, dann schlug er immer fester zu. Einmal ist es mir gelungen, ihn kräftig ins Bein zu beißen. Ich bekam von ihm viel Schläge. Ich hatte immer Angst vor diesem Mann.

Jeden Donnerstag mußte ich zum Unterricht. Bevor ich ging, hörte Lottes Mutter noch den Bibelspruch von mir ab, den ich hatte lernen müssen. Ich konnte ihn ohne stottern auswendig aufsagen. Bevor ich gehen konnte, mußte ich etwas aus der Kochküche holen. Lottes Mutter ging mit mir mit. In der Küche bastelte Lottes Vater an seinem Fahrrad herum. Er hatte einen Fahrradschlauch in der Hand und sagte, ich solle den Spruch aufsagen, den ich hatte lernen müssen. Es schnürte mir den Hals zu. Wenn ich vor diesem Mann stand, brachte ich kein Wort heraus. Lottes Mutter sagte, ich hätte den Spruch eben fließend aufgesagt. Das war für ihn nicht maßgebend. Er nahm den Fahrradschlauch und schlug damit auf mich ein. Lottes Mutter sprang dazwischen, um ihn davon abzuhalten, aber es half nichts. Der Mann war so blind vor Wut, daß er nicht merkte, daß er seine Frau schlug, statt mich.

Der Mann trieb es soweit, daß er mich auf dem Feld, das direkt an der Hauptstraße lag, mit der Peitsche um die nackten Beine schlug. Leute, die vorbeikamen, hatten es gesehen. Es wurde im Dorf darüber gesprochen.

Im Herbst, wenn die Ernte vorbei war, mußte ich nachmittags die fünf Kühe hüten. Sie wurden aneinander gekettet. Die Kette kam um die Hörner. Eine der Kühe hatte an den Hörnern eine große tiefe Wunde, so daß sie vor Schmerzen den Kopf in die Erde stemmte. Das passierte diesmal auch wieder beim Hüten. Ich drehte mich gerade um, als ich eine große Masse von Kuh auf mich zukommen sah. Die Kuh hatte sich praktisch überschlagen. Dabei hatten sich alle Ketten verheddert. Ich war in großer Not. Weit und breit kein Mensch, der mir helfen konnte. Ich mußte also erst alle fünf Kühe von ihren Ketten befreien. Die Kuh, die sich überschlagen hatte, kam langsam wieder zu sich und stand auf. Ich war heilfroh, daß ihr nichts weiter passiert war. Danach habe ich sie wieder alle an die Kette gelegt. Bis auf die mit der bösen Wunde. Der habe ich die Kette um den Hals gelegt. Dann ging sie auch ganz brav mit den anderen mit.

Im Winter wurde das Vieh mit Rüben gefüttert. Die Rüben lagen hinter dem Hof auf einer Miete. Für die Miete wurde ein breiter Graben ausgehoben. Da hinein kamen die frischen Rüben vom Feld. Obendrauf kam dicht gepackt gebündeltes Stroh. Gut verteilt, damit der Frost nicht durchkam und alles verdarb. Zum Schluß wurde alles mit der ausgehobenen Erde zugepackt. Von allen Seiten wurde alles gut festgedrückt. Im Winter dann, wenn es kein Grünfutter mehr gab, war die Rübenfütterung dran. Dann wurde die Miete vorn aufgemacht. Es war meine Aufgabe, die Rüben vor der Fütterung sauberzumachen. Der ganze Dreck mußte mit einem Messer abgeschabt werden. Dazu setzte ich mich jeden Tag nach dem Mittagessen auf Knien auf einen alten Kartoffelsack vor die Miete und machte jede einzelne Futterrübe sauber. Das dauerte gut zwei Stunden, jeden Tag, bei Regen, Schnee und Eis. Es war manchmal ganz schön hart, wenn die Hände vom Frost steif waren und ich das Messer kaum halten konnte.

Frühjahr und Sommer kamen, der Krieg hatte seinen Höhepunkt erreicht. Wir Kinder gingen wie üblich jeden Morgen zur Schule. Kaum waren wir in unserer Klasse, ging auch schon der Fliegeralarm los. Das hieß, alle runter in den Keller. Es dauerte dann auch nicht lange, und wir konnten von weitem die Bombeneinschläge hören. Meist kam das Getöse aus Richtung Osnabrück. Dann war es eine lange Zeit still. Zwei Mädchen und ich langweilten uns. Draußen war sehr schönes Wetter. Die Sonne schien, kein Wölkchen am Himmel. Eines der Mädchen wohnte gleich neben der Schule auf einem kleinen Bauernhof. Ab und zu spielten wir nach der Schule dort. So auch diesmal. Aber während der Unterrichtszeit. Wir schlichen uns also aus dem Keller, schnell über den Schulhof und dann ab auf den Bauernhof. Wir hatten schon eine Weile gespielt, als wir die Bomber kommen hörten. Schnell liefen wir hinter die Schule, die auf einem kleinen Hügel stand, so daß wir die Bomber aus

Richtung Osnabrück auf uns zukommen sahen. Sie kamen immer näher und warfen plötzlich drei Luftminen ab. Wir wollten uns auf die Erde werfen, wie wir es für solche Situationen gelernt hatten.
Der Druck der Luftminen war aber so stark, daß wir wie versteinert stehen blieben. Sie fielen ins Hücker-Moor. Wir sahen nur noch eine schwarze Wand. Es war unheimlich. Vor lauter Schreck liefen wir zu den anderen Kindern in den Keller, und bis zur Entwarnung am Mittag blieben wir auch brav dort. Wir bekamen dann noch eine Strafarbeit auf, weil wir uns davongeschlichen hatten. Wir mußten einen Aufsatz darüber schreiben, was wir erlebt hatten. Ich glaube, das war der beste Aufsatz, den ich je geschrieben habe.
In diesem Sommer 1944 wurde es ganz schlimm. Die Menschen wagten sich kaum noch ins Freie. Zu den Bombern kamen noch die Tiefflieger, die auf alles schossen, was sich bewegte. Ein paarmal, wenn ich aufs Feld wollte, mußte ich in den Graben hechten, einmal sogar mit samt meinem Fahrrad, weil auf mich geschossen wurde.
Dann, der Krieg näherte sich dem Ende, es war April 1945, gingen wir wie gewohnt jeden Morgen zur Schule. Kurz davor kam uns ein amerikanischer Jeep entgegen. Vorne auf dem Kühler saß unser Lehrer. Ausgerechnet der, er hatte sich nie etwas zu Schulden kommen lassen, war nie für die Nazis eingetreten und nie mit »Heil Hitler« in die Klasse gekommen. Die anderen Lehrer waren an dem Tag erst gar nicht zur Schule gekommen. Er hat danach zwei Jahre in Gefangenschaft verbracht.
Für uns Kinder war es ein großes Abenteuer. Alle Schränke wurden aufgebrochen. Alles wurde durchstöbert. Bücher, Hefte und Zeugnisse wurden auf dem Schulhof auf einen großen Haufen geworfen und verbrannt. Das war für mich der letzte Schultag. Die amerikanischen Soldaten zogen durch die Straßen. Mit Panzern und Jeeps. An unserem Hof ging die Hauptstraße vorbei und so konnten wir alles gut beobachten. So sahen wir auch zum erstenmal in unserem Leben einen schwarzen Menschen. Die Soldaten waren sehr kinderlieb. Sie verschenkten Schokolade und Kaugummi. Lotte und ich durften nicht vom Hof runtergehen, also bekamen wir keine Schokolade ab.
Einige Tage später kam dann der große Flüchtlingstreck. Das war ein trauriger Anblick. Sie kamen mit Pferdewagen, Handwagen, Kinderwagen und sehr sehr viele waren zu Fuß. Sie hatten nur das mitgenommen, was sie tragen konnten. Einer aus der Gemeinde führte einzelne Familien auf die Bauernhöfe. Es wurde nicht lange gefragt, ob man Platz hatte. Auch auf unserem Hof wurden Leute einquartiert. Die letzten zwei Jahre hatte ich ein Zimmer mit einem Doppelbett gehabt, in dem ich allein schlief. Nun kam eine ältere Dame dazu. Es dauerte nicht lange, und ich wurde ins gute Wohnzimmer umquartiert. Das war nicht schlecht.

Hinter meinem Bett stand eine große Standuhr. Jeden Sonntagmorgen, wenn die Eltern von Lotte noch bei ihrer Stallarbeit waren, kam Lotte leise ins Zimmer und kroch bei mir mit ins Bett. Aber erstmal wurde die Uhr eingestellt. Sie wurde mit zwei langen Ketten aufgezogen. Es dauerte nicht lange, bis sie »ging-gong« machte. Diese Uhr hatte einen wunderbaren Klang. Lotte und ich haben uns dann erst einmal zusammengekuschelt. Das war sehr schön.

Ein Erlebnis aus der Kriegszeit möchte ich noch erzählen. Nebenan auf dem Bauernhof wohnte die Familie Große-Spree. Dort wohnte der Bauer mit seiner Frau und drei erwachsenen Töchtern. Bei der Kornernte mußten alle mithelfen. Die beiden Ältesten, Lieschen und Auguste, mußten mit aufs Feld. Sie mußten hinter der Sense das Korn binden. Die jüngste Tochter blieb mit ihrer Mutter zu Hause. Wenn alle auf dem Feld zur Ernte waren, bekam Erna, so hieß sie, großen Hunger auf Milchsuppe mit Nudeln. Es wurde immer zu viel gekocht. Erna schaffte es nicht, alles alleine zu essen. Es kam ein Hilfeschrei von nebenan. Wir mußten mithelfen, daß der Topf leer gegessen wurde. Bevor wir anfingen zu essen, wurde erst einmal der Volksempfänger angeschaltet. Zu dieser Zeit hörten wir gerne »Vor der Kaserne, vor dem großen Tor...« von Lale Andersen. Wer zu den Amerikanern gute Beziehungen hatte, bekam Kaffee, Schokolade und vieles mehr, was wir gar nicht kannten.

Meine Mutter kam mal wieder zu Besuch. Sie brachte ein kleines Mädchen mit. Es war etwa vier bis fünf Jahre alt. Während meine Mutter sich mit Lottes Eltern unterhielt, aß das Mädchen eine Tafel Schokolade. Sie aß die ganze Tafel so wie ein Butterbrot. Ich hatte das gar nicht so mitbekommen. Meine Mutter war schon lange nach Hause gefahren, als ich auf einmal Lottes Mutter schimpfen hörte. Sie war sehr böse auf meine Mutter. Sie hatte gesehen, daß meine Mutter mehrere Tafeln Schokolade in ihrer Tasche hatte und mir nicht einmal eine davon abgegeben hatte. Mir war das damals egal, weil ich nie etwas geschenkt bekam.

Nach Kriegsende mußte ich noch ein Jahr lang zum Konfirmandenunterricht nach Hücker-Aschen gehen. In diesem Jahr hatte ich ein sehr trauriges Erlebnis. Unser Pastor hatte mehrere Kinder. Das jüngste, ein Mädchen, war gerade zwei Jahre alt. Die Kleine wurde sehr krank. Helga, die mit mir im Unterricht war, besuchte die Pastorenfamilie oft und erzählte uns hinterher immer, wie es dem kleinen Mädchen ging. Von Woche zu Woche ging es der Kleinen schlechter. Eines Donnerstags dann, wir warteten vor der Tür auf den Unterricht, kam der Pastor heraus und hatte Tränen in den Augen. Er sagte uns, daß seine kleine Tochter gestorben sei. Keiner konnte mehr ein Wort sagen. Der Unterricht fiel natürlich aus. Einige Tage später gingen alle Kinder mit zur Beerdigung. Weil ich die Ärmste im Dorf war, durfte ich als erste vor dem Sarg hergehen, mit einem kleinen Kranz in der Hand. Das kann ich bis heute nicht vergessen.

Im Laufe des Sommers, es war der letzte auf diesem Hof, fuhr ich noch mal nach Herford. Für die Hinfahrt mit der Kleinbahn bekam ich das Fahrgeld von Lottes Eltern. Ich kam am Kleinbahnhof an und von da aus mußte ich zu Fuß weiter bis zur Bombrede, wo meine Mutter wohnte. Ich hatte noch fast eine Stunde zu laufen, bis ich bei meiner Mutter vor der Tür stand. Aber diesmal öffnete auf mein Klopfen hin niemand. Meine Mutter war nicht da. Ein Mädchen, das nebenan ein Zimmer hatte, kam raus und sagte, ich solle warten, sie würde mit mir in die Stadt gehen zum Rathaus. Sie müßte aber von der Nachbarin im nächsten Eingang erst noch ein paar Sachen holen. Dann gingen wir zusammen in die Stadt. Wir gingen seitlich am Rathaus eine Treppe runter zum Keller. Dort wurden wir von der amerikanischen MP empfangen. Lore, so hieß das Mädchen, sprach ein paar Worte mit dem Polizisten. Der schloß daraufhin einen der Kellerräume auf, die damals in Gefängniszellen eingeteilt waren. Drinnen saß meine Mutter. Ich verstand die Welt nicht mehr. Sie sah kohlrabenschwarz aus. Was war passiert? Sie und noch zwei Frauen waren am Abend, als es dunkel war, zum Güterbahnhof gegangen. Dort organisierten sich zu der Zeit die Menschen ihre Kohlen. Sie wurden einfach von den Zügen geklaut. Zu kaufen gab es ja nichts. So gingen sie mit einem Handwagen hin und klauten Kohle. Sie hatten Pech und wurden erwischt. Der Handwagen mit der Kohle war natürlich weg. Meine Mutter mußte noch zwei Tage und Nächte in der Zelle bleiben, bevor sie freigelassen wurde. Sie war sehr deprimiert, denn sie hatte in ihrem Leben noch nie geklaut, aber es war halt sehr große Not.
Da sie den Schlüssel nicht aus der Hand gab, kam ich auch nicht in ihre Wohnung, um dort zu übernachten. Mir blieb nichts anderes übrig, als nach Hükker-Aschen zurückzulaufen, denn ich hatte ja nur Fahrgeld für die Hinfahrt bekommen. Ich lief immer den Schienen nach bis Spenge. Von dort aus dauerte es noch fast eine Stunde bis ich zu Hause war. Es war schon sehr spät, aber Lottes Eltern waren noch auf. Sie fragten natürlich, wo ich jetzt herkäme. Ich erzählte aber nur, daß meine Mutter verreist wäre. Vom Kohlenklau sagte ich kein Wort, dazu schämte ich mich zu sehr.
Im April 1946 wurde ich konfirmiert. Ich ging zu dieser Zeit wieder in Hücker-Aschen zum Unterricht. Von Lottes Mutter bekam ich ein schwarzes Kleid, das von einer Schneiderin geändert wurde. Schuhe und Strümpfe brachte meine Mutter mit. Die gab es nur auf Bezugsschein. Es war sehr schwer, etwas zum Anziehen zu bekommen. Zwei Tage vorher durften wir Kinder die Kirche mit im Wald gepflücktem Efeu ausschmücken. Die Konfirmation war wirklich schön. Zum Kaffee gab es Buttercremetorte, die Lottes Mutter gebacken hatte. Ein Nachbar schenkte mir drei Tulpen. Das war alles, was ich bekam. Nach der Konfirmation blieb ich nur noch drei Wochen auf dem Hof.

Leider kann ich nicht viel über meine Pflegemutter Frau Busse schreiben. Aber ich habe viel von ihr angenommen. Sie legte sehr großen Wert auf gutes Benehmen. Wie zum Beispiel, wenn ich beim Niesen nicht die Hand vor den Mund hielt. Es waren viele kleine Dinge. Dann kam der berühmte Satz »Anstand verlaß mich nicht, Bildung besitze ich nicht.« Danach folgte das Wichtigste: Sie erklärte mir, wie man es richtig macht. Sie hat mir viele Dinge beigebracht, und ich habe sehr viel bei ihr gelernt. Dafür bin ich ihr sehr dankbar.

Eine nette Geschichte von Hücker-Aschen möchte ich auch noch erzählen. Am 6. Januar, am Tag der »Heiligen drei Könige«, war es Tradition, daß sich die Männer als diese verkleideten und durch das Dorf zogen. Einer von ihnen mußte sich schwarz anmalen. Dann gingen sie von Hof zu Hof und sangen das Lied »Wir sind die drei Weisen vom Morgenland«. Und jetzt war es wieder einmal der 6. Januar. Es lag Schnee. Ein paar Tage zuvor hatte es noch getaut. Aber in der Nacht vom 5. zum 6. Januar stellte sich starker Frost ein. Die Straße wurde spiegelglatt. Ich hatte an diesem Tag Glück. Ein Nachbarsjunge schenkte mir Schlittschuhe. Die waren aber total verrostet. Was nun? Ich wollte doch Schlittschuhlaufen. Da habe ich nicht lange überlegt, ging in die Rumpelkammer und holte mir etwas Schmirgelpapier. Dann ging es an die Arbeit. Die Kufen wurden blank gescheuert. Es dauerte schon einige Zeit, bis ich fertig war. Jetzt brauchte ich nur noch ein Paar Schuhe, das ich aber nicht hatte. Das letzte Paar war hin. Das war folgendermaßen passiert:

An einem Samstag, es war furchtbar am regnen, mußte ich nach Spenge. Dabei wurden meine Schuhe total durchnäßt. Als ich dann am Abend nach Hause kam, zog ich meine nassen Schuhe aus und stellte sie zum Trocknen in den Backofen. Die Backofentür machte ich fest zu. Am Sonntagmorgen, ich wollte zur Kirche, machte ich den Backofen auf und holte meine Schuhe heraus. Oh weh, was war mit meinen Schuhen geschehen? Sie waren durch die Hitze eingelaufen und mir jetzt zwei Nummern zu klein. So ging ich an diesem Sonntag nicht zur Kirche.

Jetzt aber weiter mit meinen blankgescheuerten Schlittschuhen. Ich suchte mir also ein Paar Schuhe von der Bäuerin aus. Die hatte mehrere Paare im Schrank stehen. Sie waren mir zwar etwas zu klein, aber das spielte jetzt keine Rolle und machte mir nichts aus. Ich zog sie also an und befestigte die Schlittschuhe mit einem Bindfaden. Und dann ging es los. Ich konnte endlich Schlittschuhlaufen. In meinem Eifer merkte ich gar nicht, daß die Schuhe drückten. Ich merkte nicht einmal, daß inzwischen die drei Weisen vor unserer Deelentür standen und ihr Lied sangen.

Spielchen

An dieser Stelle möchte ich etwas über die Spiele sagen, die wir damals gespielt haben. Langeweile kannten wir nicht. Spielzeug gab es damals noch nicht so viel. Wir konnten aber mit den einfachsten Dingen Spiele machen. Mit dem Ball wurden Fangspiele gemacht. Völkerball war ein sehr beliebtes Spiel. Auch das Seilspringen war sehr beliebt. Dazu holten wir uns einen Kälberstrick aus dem Stall. Der eignete sich sehr gut dazu. Sogar Hockey wurde auf der Straße gespielt. Dazu nahmen wir zwei Deckel vom Einmachkessel als stummen Torsteher. Ein kleiner Holzklotz wurde aus der Tischlerei, die in der Nähe war, geholt. Das war dann der Puck. Zum Schlagen wurde Opas Spazierstock genommen. Und dann ging die wilde Schlacht los. Zu unserer Zeit konnten wir noch auf der Straße spielen. Es kam selten mal ein Auto vorbei. Höchstens mal ein Ackerwagen, der von Pferden gezogen wurde. Ein Spiel hatten wir selbst erfunden. Wir nannten es Hackepack. Das ging so:
Wenn im Sommer die Heu- und später die Kornernte war, wurde aus dem Ackerwagen ein Leiterwagen gebaut. Die Bretter, die seitlich am Wagen standen, wurden mit Leitern ausgetauscht. Jetzt war unser Spielzeug fertig. Alle Kinder kletterten barfuß auf den Leiterwagen. Bis auf einen. Der mußte unten bleiben. Der mußte nun versuchen, uns an der Hacke zu packen. Wir blieben natürlich nicht stehen. Daher war es nicht leicht, uns zu kriegen. Sowie einer gepackt wurde, mußte er nach unten und der andere konnte rauf. Dann fing das Spiel wieder von vorne an. Dabei ging es wild her.

Halstern bei Löhne

Mit meiner Kindheit war es nun endgültig vorbei. Die Zeit in Hücker war zu Ende. Es war im Mai 1946, als eines Tages meine Mutter kam und mich holte. Wieder hatte mir niemand etwas gesagt. Ich hatte nicht mal Zeit, mich von Ruth und Marianne zu verabschieden. Wir fuhren nicht nach Herford zu meiner Mutter, wie ich angenommen hatte, sondern nach Löhne. Es war wieder ein Bauernhof, wo ich hinkam. Der war in Halstern bei Löhne.
Von Herford bis Löhne fuhren wir mit dem Zug. Diese Fahrt war gefährlich. Der Zug war so überfüllt, daß die Menschen nicht nur im Zug saßen, sondern auch oben auf dem Dach. Meine Mutter stand mit mir seitlich am Zug auf einem Trittbrett. Wir hielten uns an einer Stange fest. Es waren viele Menschen unterwegs. Sie fuhren zum »Hamstern« auf die Dörfer.
Der Hof war so groß wie der in Hücker. Aber die Bauersleute waren sehr kühl und reserviert. Ich fühlte mich sehr unwohl dort. Meine Mutter besprach noch einige Dinge mit den Leuten und ging. Auf diesen Hof kam ich als Magd. Bevor ich mein Zimmer beziehen konnte, mußte ich erst gründlich saubermachen. Die Kammer hatte ungefähr eine Größe von zweieinhalb mal drei Metern. Es stand nur ein Bett drin. Das Bett sah aus wie ein Himmelbett, nur ohne Himmel, so wie es die Bauern zu der Zeit häufiger hatten. Dieses Bett war ganz auseinandergenommen. Ich mußte es komplett abwaschen, den Rahmen und sogar die Federspiralen in der Mitte. Danach habe ich es wieder zusammengebaut. Nicht zu vergessen die Polster. Sie wurden draußen ausgeklopft und gebürstet. Danach wurde der Steinfußboden gewischt. Als ich später Bescheid sagte, ich wäre fertig, kam die Bäuerin und sah sich die Kammer genau an, ob ich auch alles richtig geputzt hätte. Leider hatte sie an fast allem etwas auszusetzen, so daß ich noch mal ganz von vorne anfangen mußte. Das war mein erster Nachmittag auf dem neuen Hof.
Am Abend ging es gleich in den Stall, und ich lernte, wie man Kühe melkt und wie man ausmistet. Den Hausputz habe ich hier sehr gründlich gelernt, das war aber gar nicht so falsch. Die Arbeit war jedoch für ein junges Mädchen von 15 Jahren hart.
Ich habe auch hier so manches erlebt. Auf diesem Hof lebten auch noch die Eltern der Frau Nieberg. Sie waren schon sehr alt. Der Opa war 80 und die Oma etwas jünger. Die Oma tat mir irgendwie leid. Ich hatte damals von Krankheiten noch keine große Ahnung. Ich merkte nur, daß sie ganz schlecht Luft bekam. Heute weiß ich, daß es Asthma war. In der kurzen Zeit, in der ich sie kennenlernte, saß sie immer auf einem Stuhl und lehnte sich auf die Stuhl-

lehne. Sie konnte sich kaum bewegen. Es gab damals noch nicht die Medikamente wie heute. Im Herbst starb sie und wurde auf der Deele aufgebahrt.
Auf diesem Hof lernte ich erst richtig, was putzen heißt. Jeden Samstag wurden die Fenster geputzt. Danach wurden alle Möbel abgewaschen. Einen Schrubber durfte ich nie nehmen. Den Holzfußboden mußte ich jedesmal mit einer Handbürste putzen. Dabei mußte ich in den Ecken anfangen. Auch die Wäsche wurde mit der Hand gewaschen. Dazu brauchten wir immer zwei Tage. Das Wasser wurde nicht aus dem Wasserhahn genommen, sondern mußte mit der Pumpe geholt werden. Diese Pumpe war auch ein besonderes Stück. Sie war aus blankem Kupfer und mußte immer sehr gründlich geputzt werden.
Der Tag begann morgens um sechs. Bevor ich mich waschen und kämmen konnte, mußte ich erst in den Stall, um die Kühe zu melken. Die Milch wurde in einer großen Milchkanne durchgeseiht. Dazu nahm man einen Behälter, der aussah wie eine große Schüssel, die aber keinen Boden hatte. Über die Schüssel wurde ein großes Leinentuch gespannt, das an den Seiten festgemacht wurde. Da wurde die frische Milch durchgeseiht. Wenn die Milch durchgelaufen war, verschloß man die Kanne fest mit einem Deckel und stellte sie an die Straße. Mit einem großen Pferdewagen wurde die Kanne dann zur Molkerei gefahren.

Das Foto zeigt den Hof Nieberg in Halstern. Der Hof war von beiden Seiten von einem kleinen Wäldchen umgeben. Vor dem Hof war damals ein großer Garten. Das Hobby des Großvaters waren damals die Edelrosen, die dort in allen Farben leuchteten. Sie dufteten schon von weitem. Auf diesem Hof war ich nur ein Jahr.

Die Sommerzeit kam. Somit die Erntezeit. Mit der Heuernte ging es los. Die Wiesen wurden gemäht und das Gras zu Heu getrocknet. Dann wurde dieses eingefahren. Danach wurde das Korn eingefahren, das mittlerweile herangereift war. Zu dieser Zeit wurde auch noch mit der Sense gemäht. Zuerst die Gerste, dann der Roggen und danach der Weizen. Zum Schluß kam der Hafer dran. Dieser machte uns viel zu schaffen. Es war der letzte Hafer, der eingefahren werden sollte. Es war an diesem Tag sehr warm und schwül. Alles sah nach einem Gewitter aus. Mit viel Mühe hatten wir die letzte Fuhre geladen. Diese Hafermahd war mit sehr vielen Disteln durchwachsen, so daß es beim Aufladen pikste. Zwei Pferde zogen die Fuhre nach Hause auf den Hof. Mittlerweile war es Kaffeezeit und Zeit zum Vespern geworden. Bevor wir die Fuhre abluden, wollten wir uns erst einmal stärken. Der Knecht band die Pferde an einen Baum. Diese waren aber noch vor dem Wagen mit dem Getreide angespannt. Wir gingen dann zum Essen ins Haus. Es dauerte aber nicht lange, bis wir wieder herauskamen, aber die Pferde, der Wagen und der Hafer waren weg. Die lästigen Pferdebremsen hatten die Pferde in Panik versetzt. Sie rissen sich vom Baum los und rannten mitsamt der Ladung los. Auf der Straße vor dem Hof kippte die ganze Fuhre um. Das hieß, alles noch mal machen. Aber Gott sei Dank war den Pferden nichts passiert. Des Abends zogen wir die Disteln mit Stecknadeln aus unseren Fingern. Sehr unangenehm.

Im Herbst wurden die Kartoffeln ausgerodet. Dabei halfen immer die Nachbarn. Diese Arbeit machte mir Spaß. Das Feld wurde in gleich große Felder eingeteilt. So bekam jeder sein Stück Acker zum Kartoffelnaufsuchen. Da ich sehr schnell aufsuchen konnte, war ich immer die erste, die fertig war. Die Kartoffeln wurden in Körben gesammelt und anschließend auf einen Ackerwagen geschüttet. Danach wurden sie zu Hause zum Trocknen auf die Deele geschüttet. Zum Schluß wurden die Zuckerrüben vom Feld geerntet. Die wurden mit einem Pferdewagen vom Feld auf den Hof gefahren. Dann wurden die Rüben zu einem großen Haufen zusammengeschüttet. Die Zuckerrüben sollten auch zu Rübenkraut verarbeitet werden. Bevor sie in die Fabrik gebracht wurden, mußten sie vom Schmutz gereinigt werden. Dazu wurden zwei Zinkwannen mit Wasser auf den Hof gestellt. Dann ging es dabei. Mit »Alle Mann«. Mit einer Bürste wurden die Rüben sauber gescheuert. Es war sehr kalt. Das Wasser bekam dabei eine dünne Eisschicht. Für diese Arbeit brauchten wir zwei Tage. Die Kartoffeln lagen noch auf der Deele zum Trocknen. Das dauerte etwa zwei Wochen. Dann wurden sie mit der Hand verlesen und in Säcken abgefüllt. Zum Schluß wurden sie dann als Einkellerungskartoffeln verkauft.

Etwas Schlimmes passierte in dieser Zeit: Auch dieser Bauer mußte ein Zimmer für Flüchtlinge abgeben. Es war eine mehrköpfige Familie. Eines nachts wurde ich durch Hühnergeschrei wach. Neben dem Knechtzimmer war mein

Zimmer. Die Zimmer waren durch eine Wand getrennt. Von meinem Zimmer ging ich über den Flur. Der Flur war von der Deele aus mit einer großen Glastür abgeteilt. Der Knecht ging von der Deele aus in seine Kammer. Leider war seine Tür mit Kartoffeln fast zugeschüttet. Er kam dadurch sehr schlecht aus seiner Kammer. Ich klopfte an die Wand und hoffte, daß er wach würde. Aber das wurde er nicht. Ich konnte auch nicht zu arg an die Wand klopfen. Ich bin dann leise aufgestanden, habe meine Zimmertür vorsichtig aufgemacht und bin in den Flur gegangen. Dabei konnte ich sehen, daß die Tür zu den Flüchtlingen einen Spalt offenstand und daß dort Licht brannte. Dann bin ich etwas weiter bis zur Glastür gegangen. Dort sah ich, was los war. Auf der Deele stand ein Mann, der gerade einem Huhn mit einem Strohschneider den Kopf abschnitt. Ich bin schnell wieder in meine Kammer gegangen. Ich hatte Angst. Am anderen Morgen sahen wir, was der Mann angerichtet hatte. Es lagen zwanzig Hühner mit abgeschnittenen Köpfen auf der Deele verteilt herum.
Doch das war nicht alles, was in dieser Nacht geschah. Draußen auf dem Hof war noch ein Hühnerstall. Dort waren die Hennen mit ihren Küken untergebracht. Im Stall hatte sich ein Marder ans Werk gemacht. Der hatte alle Hennen mitsamt den Küken totgebissen. Es sah grauenvoll aus. Der Schaden war sehr groß, den der Bauer dadurch hatte.
Etwas Grausames habe ich auf diesem Hof erlebt. Es war mittlerweile 1947. Der Krieg war seit zwei Jahren vorbei. Die Engländer waren eingezogen. Es hieß, kein Bürger dürfe eine Waffe besitzen. Wenn einer erwischt wurde, dann gab es eine hohe Strafe. Das galt auch für die Schlachter. Ich sollte beim Schlachten mithelfen. Ich wollte die Arbeit ablehnen, aber der Bauer sagte mir, daß ich nun einmal die Magd sei, und ich hätte das zu tun, was er sagt, sonst müsse ich gehen. Da ich aber nirgendwo hinkonnte, blieb mir halt nichts anderes übrig, als zu gehorchen. Sehr früh am nächsten Morgen war es soweit. Da der Schlachter keine Schußwaffe hatte, wurde dem Schwein mit der stumpfen Seite einer Axt vor den Kopf geschlagen. Aber das gelang dem Schlachter nicht gleich beim erstenmal. Er mußte mehrere Male zuschlagen, bis es umfiel. Das Schwein schrie entsetzlich. Ich zitterte am ganzen Körper. Als das Schwein fertig ausgenommen auf der Leiter hing, trennte man den Kopf vom Rumpf ab. Der Kopf war von den Schlägen grün und blau unterlaufen. Damit sich die Ergüsse wieder auflösen konnten, wurde der Kopf kalt gewässert. Dafür füllte man zwei große Zinkwannen mit Wasser. Dort wurde der Kopf im Wechsel von einer Wanne in die andere gelegt. Auch dabei mußte ich mithelfen. Diesen Tag habe ich bis heute nicht vergessen können.

Bauer Meier

Im Frühjahr 1948 war meine Zeit auch hier wieder um. Als ich auf diesen Hof gekommen war, hatte meine Mutter mir versprochen, daß ich nur noch ein Jahr auf einem Bauernhof arbeiten müßte. Das Jahr war jetzt um. Aber ich kam noch nicht nach Hause, sondern wieder auf einen anderen Bauernhof. Der Hof war in der Nachbarschaft. Er war größer als der, wo ich zuletzt war. Der Bauer hieß Meier. Ganz fremd war ich hier nicht. Im Spätsommer, wenn die Ernte eingefahren war, wurde das Korn gedroschen. Dazu kam eine Dreschmaschine auf den Hof. Sie fuhr von einem Hof zum anderen. Beim Dreschen brauchte man viele Hilfskräfte. Dabei halfen sich die Bauern gegenseitig. Ich hatte beim letzten Dreschen auf diesem Hof mitgeholfen. So kannten mich die Bauersleute.
Als ich am Abend mit der Stallarbeit fertig war, packte ich meine paar Habseligkeiten zusammen und ging zum nächsten Bauernhof hinüber. Der Hof lag nur wenige Meter entfernt. Hier habe ich mich wohlgefühlt. Die Herrschaften waren sehr gut zu mir. Hier wurde ich nicht von oben herab behandelt. Die Bauersleute hatten zwei Kinder. Ein Junge, Karl-Heinz, er war sechs Jahre alt,

Dies ist der große Meierhof in Halstern. Wie man sieht, ein wunderschönes Fachwerkhaus. In der Mitte des Hofes standen große Kastanienbäume. Im Sommer spendeten diese viel Schatten, was natürlich sehr angenehm war.
Zu diesem Hof, es war der größte auf dem ich war, gehörten drei Kotten. In dem einen, der direkt neben dem Hauptgebäude stand, wohnte damals die Familie Kölling. Auf diesem Hof war ich eineinhalb Jahre. Es war der letzte, auf dem ich in Stellung war.

und Anne, sie war drei Jahre alt. Zur Familie gehörte die Oma Meier. Die Oma sah aus wie eine Bückeburgerin. Sie trug immer einen langen weiten Rock. Sie war immer dunkel gekleidet. Der Knecht Willi gehörte auch noch dazu. Ich lernte auch die Familie Kölling kennen. Ihre Tochter hieß Elisabeth. Sie war blond und trug eine Gretchenfrisur. Für diese Frisur wurde das Haar zu zwei Zöpfen geflochten. Die Zöpfe wurden am Hinterkopf geteilt. Dann wurden sie wie ein Kranz um den Kopf gelegt und mit Haarnadeln festgesteckt. Elisabeth und ich waren in einem Alter. Dazu gehörte auch ihr Bruder Heini. Auch ihre Eltern waren sehr lieb zu mir. Zu ihnen hatte ich wirklich Vertrauen. Diese Familie war nicht reich, aber sie hatten ein großes Herz. Das Verhältnis zu dieser Familie war wunderbar. Wenn es Sorgen gab, konnte ich immer zu ihnen kommen. Solches Vertrauen hatte ich in den letzten Jahren zu niemandem.
Die Familie Kölling lebte neben dem Bauernhof in einem Kotten. Man sagte Heuersleute zu ihnen. Sie brauchten keine hohe Miete zu bezahlen. Aber sie wurde ihnen auch nicht geschenkt. Sie bekamen zur Auflage, für den Rest Miete zu arbeiten. Es wurde ihnen eine gewisse Anzahl von Stunden zugewiesen. Im Frühjahr beim Kartoffelpflanzen fing es an. Weiter ging es bei der Heuernte, beim Kornmähen und -einfahren. Danach wurden die Steckrüben gepflanzt. Das dauerte auch zwei Tage. So war es dann, daß die Heuersleute bis zum Herbst fast jeden Samstag mithelfen mußten. Also wohnten sie doch nicht so billig. Es war für mich eine schöne Zeit, wenn wir am Feldrand saßen. Es gab am Nachmittag belegte Brote und Kaffee. Es war allerdings kein Bohnenkaffee. Wir sagten dazu »Muckefuck«. Die Brote waren mit Mettwurst und Schinken belegt. Heini saß mit seinem Vater neben mir. Wir tauschten oft unsere Brote aus, denn die kleinen Leute konnten sich nicht jeden Tag Wurst und Schinken leisten. Da sie selbst Hühner im Stall hatten, gab es bei denen oft Spiegelei aufs Brot. Das hat mir immer sehr gut geschmeckt. Der Bauer hatte auch Hühner, aber die Eier wurden immer verkauft, so daß es nie ein Ei gab.
Meine Mutter kam jeden Monat zum Ersten, wenn es Geld gab. Sonst ließ sie sich nie sehen. Im Sommer 1948 war dann die Währungsreform. Es gab pro Kopf 40 DM. Ich hatte noch nie Geld in den Fingern gehabt. Meine 40 DM mußte ich selbst abholen. Ich bin gleich mit dem Geld ins nächste Textilgeschäft gegangen und habe mir einen Pullover gekauft. Da war mein Geld schon wieder futsch. Diesen Pullover, den ich so gern leiden mochte, habe ich nur einmal getragen. Er kratzte so entsetzlich. Von dem Geld, das ich hier verdiente, habe ich nie etwas gesehen. In die gute Stube durfte ich hier auch nicht. Das war damals so üblich.
Das Arbeitspersonal gehörte nicht in die gute Stube.
Es gab auch eine lustige Geschichte zum Schmunzeln.

In der Erntezeit brauchten wir viele Hilfskräfte. Dabei war auch ein pensionierter Studienrat aus der Nachbarschaft, der mithalf. Es war ein kleiner, zierlicher Mann, der so seine Gewohnheiten hatte. Er trug eine Schirmmütze, wir sagten dazu »Schlägerpfanne«. Eine zweite Mütze der gleichen Art steckte in seiner Hosentasche. Dazu trug er ein buntes Hemd mit einem abknöpfbaren, weißen, steifen Kragen. Aus seinem Jackenärmel sah man weiße Stulpen, wie sie früher getragen wurden, die man nur abzustreifen brauchte. Bevor es aufs Feld ging, wurde es für uns spannend. Herr Studienrat tauschte erstmal seine Mützen aus. Das geschah mit einer Geschwindigkeit, so daß wir nie sehen konnten, was für eine Haarfarbe er hatte. Anschließend knöpfte sich den steifen Kragen vom Hemd und zog sich die Stulpen vom Arm. Alles wurde sorgfältig am Feldrand abgelegt. Wenn dann endlich Feierabend war, fing dieses Ritual wieder von vorne an, nur in umgekehrter Reihenfolge.

Interessant war es, wenn wir dicht zusammen arbeiteten. Der Studienrat unterhielt sich selten mit uns, dafür führte er Selbstgespräche. Während der Feldarbeit unterhielt er sich mit seinen Schülern. Wenn man ihm zuhörte, hatte man das Gefühl, man säße auf der Schulbank. Wir hörten ihm gerne zu.

In den letzten drei Jahren war ich kaum noch nach Hause gefahren. Nicht mal mehr zu Weihnachten. Das letzte Weihnachtsfest erlebte ich bei der Familie Kölling. Da durfte ich auch mit beim Weihnachtsbaum sitzen. Das war sehr schön. So etwas hatte ich in den vergangenen Jahren nicht mehr erlebt. Sonst sah ich den Weihnachtsbaum nur in der Kirche, in die ich sehr oft ging. So auch diesen Sonntag. Auch der Bauer wollte mal wieder in die Kirche. Er ging nicht zu Fuß, denn man brauchte eine dreiviertel Stunde, wenn man zu Fuß ging. Er nahm seine Kutsche, spannte ein Pferd davor und los ging es. Ich durfte mitfahren. Als wir ankamen, hatte der Gottesdienst schon angefangen. Als wir drinnen waren, gingen wir leise eine Wendeltreppe hinauf. Dort oben befand sich die Orgel. Wir setzten uns seitlich auf die Bank, auf der schon sein Nachbar saß. Er war auch ein Bauer. Der Pfarrer hatte schon mit der Predigt begonnen. Da ich direkt neben dem Bauern saß, konnte ich hören, über was sich die beiden unterhielten. Es ging nicht um die Predigt. Sie unterhielten sich über Ferkel, und daß mein Bauer seine verkaufen wollte. In der Zeit, in der der Pfarrer predigte, handelten die beiden den Preis aus. Am Ende der Predigt hatten sich die beiden auf einen Preis geeinigt. Damals kostete ein Ferkel so um die 40 Mark. Seitdem wußte ich, daß der Bauer nur in die Kirche ging, wenn sein Nachbar auch dort war, damit sie einen Preis für ihr Vieh aushandeln konnten.

Eine nette Geschichte habe ich noch in Halstern erlebt. Ich war schon auf dem letzten Hof. Auf diesem war ich eineinhalb Jahre. In dieser Zeit durfte ich zweimal mit zum Tanzen. Elisabeth und ihr Bruder nahmen mich mit. Sie

bezahlten für mich auch den Eintritt. Ich hatte ja selbst kein Geld. Die jungen Leute im Dorf gingen jeden Samstag zum Tanzen. Eine Woche vor Ostern, es war die Kar-Woche, blieben die Tanzlokale geschlossen. Die jungen Leute mußten sich etwas einfallen lassen. Gerhard, der Freund von Heini, besaß eine Ziehharmonika. Er konnte sehr gut darauf spielen. Es ging also zum Nachbarn auf die Deele. Hier durfte ich auch mit, wir brauchten ja keinen Eintritt zu bezahlen. Da wurde dann »geschwoft«, wie wir das damals nannten.
In einer Ecke saß ein alter Mann. Er war Flüchtling und besaß nichts. Er hatte alles auf der Flucht verloren. Er war dabei, an einem Stück Holz zu schnitzen. Daraus entstanden Stopfpilze zum Strümpfestopfen. Sie wurden bunt bemalt. Auf dem Pilz stand ein Spruch, der lautete: »Berleburger Pilz heilt jedes Weh, am großen und am kleinen Zeh.« Mit diesen Stopfpilzen ging er übers Land. Er tauschte sie gegen Lebensmittel ein. Da ich ein armes Mädchen war, schenkte er mir einen Stopfpilz. Den habe ich heute noch.
Im Spätsommer 1949 kam ich endlich zu meiner Mutter nach Herford. Aber der Abschied von den Bauersleuten fiel mir sehr schwer. Der letzte Hafer war gemäht und zu Garben gebunden. Er mußte nur noch in Stiegen aufgehockt werden. Bevor wir das taten, wurde erst mal am Feldrand gevespert. Auf einmal stand meine Mutter da. Sie wollte mich nun zu sich nach Herford holen. Beim Abschied wurden viele Tränen vergossen. Dieses Mal konnte ich mich von allen verabschieden. Als ich dann bei meiner Mutter in Herford war, mußte ich mich erst daran gewöhnen, daß ich nicht mehr so viel Freiheit hatte wie zuvor.

Meine Mutter – Teil 3

Meine Mutter hatte nur eine Eineinhalb-Zimmer-Wohnung. Es war sehr eng. Trotzdem dachte ich, jetzt hätte ich es besser als auf dem Bauernhof, da die Arbeit auf einem Bauernhof nicht immer leicht war. Als ich zu Hause war, suchte meine Mutter für mich eine Arbeitsstelle. Sie fand sehr schnell eine passende.
Meine Mutter war sehr streng. Wenn ich mal versuchte, irgendwie gegenzusprechen, schlug sie mir sofort wahllos ins Gesicht. Ich wurde total unterdrückt. Ich ging jeden Tag arbeiten, mußte viele Überstunden machen, so daß ich oft von morgens sieben bis abends um zehn von zu Hause fort war. Meiner Mutter gefiel das. Wenn es freitags Lohn gab, mußte ich alles bei ihr abgeben. Wehe, wenn was fehlte. Taschengeld gab es nicht. Es wurde nur etwas gekauft, wenn es nötig war. Dazu gehörten Arbeitskittel und Unterwäsche. Meine Garderobe hing hinter der Tür auf dem Haken. Meine paar Sachen durfte ich nicht in den Schrank hängen. Unterwäsche hatte ich gerade genug zum Wechseln. Meine Mutter arbeitete in einer großen Wäscherei. So nahm sie des Morgens die Schmutzwäsche mit zur Arbeit, und brachte sie des Abends wieder sauber mit nach Hause.
Das erste halbe Jahr ging es noch gut mit uns beiden. Im Herbst sind wir am Wochenende Bucheckern sammeln gegangen. Aus diesen wurde Öl gewonnen. Auch Weihnachten war schön. Am Wochenende gingen wir zwei schon mal ins Kino. Es wurde Frühling. Man ging wieder mehr vor die Tür. Da lernte ich Marianne kennen. Sie wohnte auch in unserer Baracke. Die Baracke hatte drei Eingänge. Sie wohnte im ersten und wir im letzten Eingang. Wenn es eben möglich war, waren wir zusammen. Meine Mutter sah das gar nicht gerne.

Hier stehe ich mit meiner Mutter. Diese Aufnahme wurde 1949 gemacht. Ich war damals 17 Jahre alt.

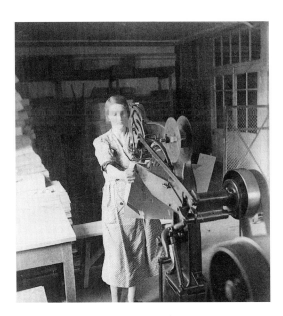

Auf diesem Foto sieht man meine Mutter bei der Arbeit. Sie heftet mit der Maschine einen Karton zusammen. Sie war bei Elsbach in Herford in der Kartonnagenabteilung beschäftigt.

Ich durfte nicht einmal mit den Nachbarn, die direkt neben uns auf dem gleichen Flur wohnten, sprechen. Ich kam mir vor wie eine Gefangene. Meine Großmutter sah ich, wenn sie mit ihrem Wagen vor unserem Küchenfenster herfuhr. Auch mit ihr durfte ich keinen Kontakt aufnehmen. Wenn ich nicht pünktlich nach Hause kam, gab es Schläge. Schlagen muß in dieser Zeit wohl Mode gewesen sein, denn ich bekam Schläge wegen jeder Kleinigkeit. Sie schlug wahllos auf mich ein. Wenn das nicht ging, nahm sie die Füße und trat vors Schienenbein. Aber mit Schuhen an den Füßen. Ich hatte oft blaue Flekken an den Beinen. Noch schlimmer war es, wenn sie mit mir wochenlang kein einziges Wort sprach. Ich durfte nicht einmal einen Schrank öffnen, ohne daß sie es mir erlaubte.
Sie hat mir nie etwas von ihrer Kindheit erzählt. Meine Mutter war im Alter von 22 Jahren 1931 bei einem Bauern in Sareneck im Kreis Dannenberg in Stellung. Da lernte sie meinen Vater kennen. Es dauerte nicht lange, und sie wurde schwanger. Für sie begann eine schwere Zeit. Sie hat meinen Vater nicht geheiratet.
Im März 1932 wurde ich geboren. Meine Mutter zog kurze Zeit nach meiner Geburt nach Bielefeld. In der Nähe der Sparrenburg ging sie in einen Haushalt »in Stellung«.
Es muß 1935 gewesen sein, als sie anfing, bei Elsbach in Herford zu arbeiten. Die ersten Wochen nach dem Tod ihres Vaters wohnte sie bei ihrer Mutter (»Mutter Grün«) in der Bombrede. Sie wohnten beide in einem Zimmer. Später zog sie in eine Eineinhalb-Zimmer-Wohnung. Die war auch in der Bombrede.

Die ersten Jahre arbeitete sie dort in der Kartonnage (Packerei) bei Elsbach. Die letzten Jahre war sie dort in der Wäscherei beschäftigt. Bei ihren Kollegen war sie sehr beliebt.
25 Jahre war sie bei Elsbach. Durch einen Verkehrsunfall konnte sie nicht mehr arbeiten.
Zum Schluß ging sie nur noch am Stock. Als sie sich davon wieder etwas erholt hatte, wurde sie sehr krank. Es war Krebs. In den letzten Jahren wohnte sie mit ihrem Partner in einem Behelfsheim an der Schwarzenmoorstraße in Herford. Mit ihrem Partner hatte sie kein Glück. Von dem wurde sie oft geschlagen.
Im März 1965 starb sie im Alter von 54 Jahren. Leider viel zu früh. Auf ihrem Sterbebett bekam sie die erste Rente.

Dieses Bild zeigt rechts meine Eltern.
Sie waren nicht verheiratet. Zwei Jahre nach meiner Geburt waren sie noch zusammen, dann trennten sie sich. Mein Vater hieß Willi Seidenberg. Er war zu der Zeit als Landwirtschaftsgehilfe in Oldenstadt beschäftigt. Später wurde er zum Militär eingezogen.
Er ist 1942 im Osten gefallen.

Meine Oma stirbt, neue Zeiten

Durch Marianne lernte ich meinen Mann Wilfried kennen. Das war im Sommer 1950. Er war der jüngste Bruder von Marianne.
Im Dezember starb meine Oma. Einige Tage zuvor war sie noch bei uns. Sie muß schon in großer Not und Angst gewesen sein, sonst wäre sie nicht zu uns gekommen. Ich hatte an diesem Tag Nachtschicht. So war ich noch zu Hause. Auf einmal klopfte es an der Tür. Ich sagte natürlich »herein«. Es war meine Oma. Ich bot ihr gleich einen Stuhl an. Sie klagte über sehr starke Kopfschmerzen und bat mich um eine Schmerztablette. Da ich ja nie an die Schränke durfte, wußte ich natürlich auch nicht, wo welche sein könnten. So bat ich sie, doch noch etwas zu warten. Vom Sonntag war noch etwas Topfkuchen übriggeblieben. Davon bot ich ihr ein Stück an. In diesem Moment kam meine Mutter zur Tür herein. Ich sagte ihr, warum die Oma bei uns sei. Daraufhin sagte meine Mutter sehr wütend, sie habe auch Kopfschmerzen, sie bräuchte ihre Tabletten selbst. Ich hatte leider keine Zeit mehr, ich mußte zur Arbeit. Ich weiß also nicht, ob meine Mutter meiner Oma geholfen hat oder nicht. Ich habe mich von meiner Oma verabschiedet und bin gegangen. Am nächsten Abend hielt meine Mutter mir vor, wie ich denn dazu käme, der Oma ein Stück Kuchen anzubieten. Das alles war Anfang Dezember 1950. Es war das letzte-

So verarmt lebte meine Großmutter zuletzt in einem Zimmer.
Als ich dieses sah, war ich sehr geschockt.

mal, daß ich meine Oma lebend gesehen habe. Acht Tage später starb sie. Sehr arm und allein.

Man hat sie tot gefunden. An diesem Tag hatte ich eine Weihnachtsfeier in der Firma, in der ich arbeitete. Am späten Nachmittag kam eine Nachbarin und holte mich von der Weihnachtsfeier ab. Sie erzählte mir, daß die Oma gestor-

Für mich ein wertvolles Dokument: Die Heiratsurkunde meiner Großeltern aus dem Jahr 1907.

ben sei. Meine Mutter sprach schon seit Wochen kein Wort mehr mit mir. Auch an diesem Abend nicht. Sie ging zu ihrer Freundin und ließ mich allein zu Hause. Sie kam erst sehr spät nach Hause. Ich traute mich nicht, aus der Wohnung zu gehen, da ich Angst hatte, daß sie mich wieder schlagen würde. An diesem Abend kam ich mir sehr einsam und verlassen vor. Wenn sie mich beschimpfte, betitelte sie mich als Bauerntrampel. Die Schläge haben nicht so weh getan, wie die Art in der sie mich beschimpfte. Es war die Hölle mit ihr. Nachdem ich meinen späteren Mann kennengelernt hatte, wurde es immer schlimmer mit ihr. Es war im Sommer 1951. Ich war des Morgens zur Arbeit gegangen, und kam abends nach zehn nach Hause. Ich hatte keinen Wohnungsschlüssel. Es war ein schöner Sommerabend, und es war sehr lange hell draußen. Wenn ich in die Wohnung wollte, mußte ich anklopfen. Das machte ich auch an diesem Abend. Auch nach wiederholtem Klopfen machte niemand auf. Ich setzte mich eine Weile auf die Stufen vor unserer Tür. Daß meine Mutter zu Hause war, wußte ich genau. Ich versuchte es noch ein paar Mal, aber es war zwecklos. Niemand öffnete. Es war mittlerweile elf Uhr geworden. Ich ging dann zu meiner Arbeitskollegin Inge. Dafür brauchte ich etwa eine dreiviertel Stunde. Es war schon sehr spät, als ich bei ihr ankam. Sie hörte mich, als ich an ihr Fenster klopfte. Ich erzählte ihr, was passiert war. Sie nahm mich sofort mit auf ihr Zimmer und wir schliefen zu zweit bei ihr im Bett. Am anderen Morgen, es war Samstag, stand Inge mit mir vor ihrer Mutter. Inge erzählte, was die Nacht mit mir passiert war. Die Mutter war nicht gleich damit einverstanden, daß ich hierbleiben durfte. So bat sie mich, noch einmal nach Hause zu gehen. Sie sagte aber gleich, wenn meine Mutter mich nicht reinlassen würde, solle ich meine Sachen packen und wieder zurückkommen. Ich ging schweren Herzens und ziemlich niedergeschlagen zu meiner Mutter zurück. Ich klopfte wieder an die Tür. Diesmal wurde mir aufgemacht, aber reingelassen hat sie mich trotzdem nicht. Sie sprach kein Wort mit mir. Sie sah mich nur mit einem solchen Haß an, daß ich nur sagte, daß ich meine Sachen haben wollte. Daraufhin ließ sie mich in die Wohnung. Ich hatte eine Tasche mitgenommen. In diese packte ich meine paar Habseligkeiten. Viel hatte ich ja nicht. Ich mußte nicht mal an den Schrank, da ich da ja sowieso nichts reinlegen durfte. Meine Sachen lagen auf dem Stuhl, der Rest hing hinter der Tür an einem Haken. Als ich meine Sachen packte, konnte ich in das Zimmer schauen, in der die Liege stand, auf der ich immer geschlafen hatte. Sie war nicht frei. Auf ihr lag ein fremder Mann. Da war für mich die Sache gelaufen. Ich durfte nicht mehr zurück.

Verheiratet

Mit meinem zukünftigen Mann war ich noch nicht allzulange zusammen. Da mochte ich so spät nicht mehr klopfen. Es war ja schon alles dunkel. Zudem wohnte er auch sehr beengt. So ging ich zu Inge zurück. Bei ihr wohnte ich vier Wochen. Inges Eltern hatten Silberne Hochzeit. Da ging es hoch her. In der Zeit lernte ich Ursula und Margret kennen. Die kamen aus der Nachbarschaft. Am Wochenende gingen wir schon mal aus. So auch einen Samstag. Wir wollten zur Parkbeleuchtung nach Bad Salzuflen. Zu dieser Zeit fuhr noch die Kleinbahn. Mit der sind wir von Herford bis nach Bad Salzuflen gefahren. Es war wunderbar, die Lichter anzusehen. Auch auf dem See schwammen kleine Lichter. Wir hatten an diesem Abend viel Spaß, so daß wir gar nicht auf die Uhr geachtet hatten. Als wir wieder heimfahren wollten, war die letzte Kleinbahn schon weg. Was nun? Wir nahmen uns jeder ein Laternchen, es gab ja genug davon. Dann ging es nach Hause. Wir gingen nicht über die Straße, sondern durch den Stuckenberg. Es war sehr dunkel. Wir mußten einen Teil durch den Wald gehen. Natürlich hatten wir Angst. Da haben wir halt gesungen. Wir waren zu viert, und singen konnten wir alle gut.

Vier Wochen später, an einem Samstag, bat mich Inges Mutter, ich müsse mir eine andere Unterkunft suchen. Sie könnte mich nicht mehr behalten. Zu dieser Zeit kamen laufend Flüchtlinge aus dem Osten. Auch sie hatte Angehörige, die rüber kamen. So konnte ich aus Platzmangel nicht mehr dort bleiben. Ich besprach dieses Problem mit meinem Freund. Er überlegte nicht lange. Er sagte nur, wo vier Menschen leben, da können auch fünf wohnen. Seine Mutter ließ das nur unter der Voraussetzung zu, wenn wir uns verloben würden. Wir besorgten uns gleich Ringe und verlobten uns. Ich schlief mit seiner Schwester in einem Bett. Das ging ganz gut. Meinem Freund gefiel das natürlich nicht. Aber meine zukünftige Schwiegermutter war sehr streng. Damals waren die Sitten halt noch etwas strenger.

Hier erlebte ich einen wunderschönen Heiligabend. Am Nachmittag ging es los. Der Tannenbaum wurde aufgestellt. Danach haben wir alle den Baum geschmückt. Anschließend wurden die bunten Teller gefüllt. Die waren natürlich nicht so voll wie heute. Es gab eben noch nicht alles. Als wir mit allem fertig waren, war es schon Abend. Wir stellten uns alle um den Weihnachtsbaum. Dann wurden die Kerzen angezündet. Wir sangen einige Weihnachtslieder. Zum Schluß war dann die Bescherung. Auf meinem Teller lag zu meiner Überraschung ein Paar Perlonstrümpfe. Die kamen damals in Mode. Leider hatte ich nicht viel Freude daran. Die durfte man nur mit Handschuhen anzie-

hen. Da ich keine Handschuhe hatte, bekam ich die schönsten Laufmaschen. Und da waren sie auch schon wieder hin. Dann passierte etwas, das ich in meiner Kindheit nie gekannt hatte. Zuerst umarmten die Kinder ihre Mutter. Danach haben sich die Kinder gegenseitig umarmt. Ich stand da, wie ein begossener Pudel. Doch dann wurde auch ich umarmt. Das kannte ich eben noch nicht, selbst wenn man sich liebhat. Bei meiner zukünftigen Schwiegermutter wohnte ich etwa ein viertel Jahr.
Es war noch im Dezember 1951, als Inges Mutter sagte, sie hätte noch ein teilmöbliertes Zimmer ganz in der Nachbarschaft. Das könnten wir haben.
Doch leider gab es da Schwierigkeiten. Wenn wir das Zimmer haben wollten, müßten wir einen Trauschein vorlegen. Wir haben nicht lange überlegt, sind in der gleichen Woche zum Standesamt gegangen und haben unser Aufgebot bestellt. Im Januar 1952 haben wir geheiratet.
Was war das für ein Gefühl:
Ich hatte endlich ein Zuhause. Ich wußte, wo in hingehörte. Es gab einen Menschen, der mich liebte: Mein Mann. Für mich war es sehr schwer, Liebe zu geben. Es brauchte viele Jahre, bis ich auf ihn zugehen und ihn in die Arme nehmen konnte.

Quintessenz

Nach meiner Heirat fing ein neues Leben an.
Aber warum hatte ich immer noch Angst? Mein Mann tat mir doch nichts. Er hat mich nie bedroht. In jeder Ehe gibt es mal Streit. Wenn es dazu kam, schnürte es mir die Kehle zu. Die kindliche Angst kam wieder in mir hoch. Ich fühlte mich wie ein kleines Mädchen, das bestraft wurde.
Da mein Mann nicht wußte, wie meine Kindheit verlaufen war, fing er an zu schweigen. Ich konnte nicht über meine Vergangenheit reden. Es dauerte manchmal mehrere Tage, bis er wieder mit mir sprach. Dadurch machten wir uns das Leben schwer. Gerade das war Gift für mich. Ich kannte das ja von meiner Mutter. Und ich hatte kein Selbstvertrauen. Die Angst saß so tief in mir, daß ich in den ersten zwanzig Jahren Ehe nachts im Schlaf geschrien habe. Mein Mann mußte mich wachrütteln, damit ich zu mir kam. Dann erst konnte ich ruhig schlafen. Die Angst, zu der ich in meiner Ehe keinen Grund hatte, hat mich vierzig Jahre verfolgt.

Mein Mann hatte es schwer mit mir. Er gab mir seine ganze Liebe. Er nahm mich oft in die Arme. In den ersten Jahren meiner Ehe konnte ich nicht auf ihn zugehen und ihn in die Arme nehmen. Wenn man als Kind keine Liebe bekommen hat, ist es schwer, Liebe zu geben. Es dauerte Jahre, bis es soweit war. Heute leide ich noch darunter.
Trug meine Mutter Schuld daran, daß ich so eine lieblose Kindheit hatte?
War es ihr ähnlich gegangen, so daß sie keinen vertrauten Menschen hatte? Zu ihrer Mutter (»Mutter Grün«) konnte sie nicht gehen.
Alles was ich mit ihr durchmachen mußte, möchte ich meiner Mutter verzeihen, denn ich denke, sie konnte nicht anders. Das Gute an allem ist, daß ich nie hungern mußte. Auch habe ich nie eine ernste Krankheit gehabt. Aber was haben die Menschen im Krieg und auch danach hungern müssen. Da bin ich doch einigermaßen gut durch die Jahre gekommen. Nur die Liebe blieb auf der Strecke. Und auch die Seele kam zu kurz. Essen und Trinken sind wichtig, aber das ist nicht alles, was der Mensch braucht. Das Wichtigste sind Aufmerksamkeit, Liebe und Zuneigung.
Ich denke, durch dieses Buch habe ich die Angst in mir besiegt .
Ich bekam gesunde Kinder. Alles lief normal. Solange die Kinder noch klein waren und noch zur Schule gingen, war ich voll mit Erziehung und Haushalt beschäftigt. Die Kinder wurden erwachsen. Danach gingen sie aus dem Haus. Erst die Tochter, ein paar Jahre später auch der Sohn. Es wurde still um mich. Die Erinnerungen an meine Kindheit kamen zurück, von denen ich nichts mehr wissen wollte. Ich konnte mich nicht mehr von den Gedanken lösen. Mit der Zeit stellten sich körperliche Beschwerden ein. Mir wurde oft schwindelig. Ich bekam beklemmende Angst. Meinen Kindern hatte ich oft von meiner Jugend erzählt. Eines Tages baten sie mich, über meine Kindheit zu schreiben. Und so schrieb ich nach und nach dieses Buch. Das war meine Gesundheitspille.

»Mutter Grün« und ihr Ehemann, der »Trompeten-Oskar«

von Elisabeth Tielke

Wer kannte sie nicht, die sogenannten »fliegenden Händler« mit ihren »Bauchläden«, die in meinen Kindertagen von Zeit zu Zeit im Elternhaus vorbeikamen und uns mit Kurzwaren, d. h. mit Wäscheknöpfen, Bändern, Schnürsenkeln, Mottenkugeln, Haarnadeln, Näh- und Häkel- sowie Sticknadeln versorgten.
»Mutter Grün« dagegen war eine »Händlerin« besonderer Art. Sie hatte keinen Bauchladen – nein – ihr Warenangebot befand sich in einem wunderschönen, alten Korbkinderwagen mit übergroßen Rädern und außen herum mit Spitzen-Volants behängt. Die Volants prangten in dreifacher Ausführung üppig um den Korbwagen. Selbst das spitzenverzierte Verdeck allein war eine Kostbarkeit. Meistens aber heruntergeklappt, damit der Inhalt sichtbar war, der sich auch von dem Angebot der anderen Händler unterschied. Da waren zunächst auf Pappe aufgewickelte Klöppel- und Wäschespitzen in verschiedenen Breiten und die üblichen »Barmer Bogen«, die an Babyhemdchen genäht wurden. Es gab damals kaum ein Hemdchen, das nicht mit Barmer Bogen versehen wurde. Von feinen Spitzen der Valenciennes-Art hatte »Mutter Grün« nur einen geringen Vorrat. Die waren für den täglichen Gebrauch zu teuer und auch zu empfindlich. Man verwendete sie meistens für Taufkleidchen und Spitzentaschentücher. Dann waren da noch die Perlmutt- und Wäscheknöpfe, letztere teils leinenbezogen oder gezwirnt, alle aber in verschiedenen Größen und Formen. »Mutter Grün« hatte alle diese Knöpfe fein säuberlich auf Pappkärtchen genäht. Jeweils ein Dutzend auf einem Kärtchen.
Nun aber zu der Person »Mutter Grün«!
Solche »Originale« gibt es einfach nicht mehr! Das dickgepuderte Gesicht mit roten Wangen erinnerte an einen reifen, dicken Apfel. Die Stirn war mit einer Lockenrolle aus Kunsthaar bedeckt. Der ganze Kopf eingerahmt von einer Tafthaube, mit Spitzen verziert, die unter dem Kinn mit einer großen Schleife endete.
Aber erst das Gewand! Es bestand aus mehreren spitzenbesetzten, stufenförmigen Röcken. Die ganze Gestalt wirkte unwahrscheinlich komisch und hätte es verdient, in einem Panoptikum der Nachwelt erhalten zu bleiben.
Wer es allerdings mit »Mutter Grün« nicht gut meinte oder sich gar über sie lustig machte, dem sollte das schlecht bekommen. Als Kind hatte ich einmal eine Bemerkung über ihr Aussehen gemacht. Sie fuhr gerade mit ihrem Kinderwagen über den Bahnhofsvorplatz. Sie schimpfte laut und wollte mit einem

riesigen Spitzen-Sonnenschirm auf mich losgehen. Unter der Unterführung habe ich mich in Sicherheit gebracht. Sie hat mich das Laufen gelehrt. Wenn ich heute darüber nachdenke, so muß ich eingestehen, daß dieser Mensch eigentlich eine Respektperson war, kurz und gut ein »Herforder Original«.

Nun zu »Vater Grün« oder besser »Trompeten-Oskar«!
Seinen richtigen Namen kannten wir nicht. Von Zeit zu Zeit kam er bei uns zu Hause vorbei und spielte alte Volksweisen auf seiner Trompete. Manchmal war es auch ein Choral. In meinem Elternhaus an der Eimterstraße hatten wir eine große Deele, die sich akustisch gut zum Musizieren jeglicher Art eignete. Dem Oskar kam dies sehr entgegen, und er blies dann auch mit großer Inbrunst, was wiederum unserem großen Schäferhund-Mischling überhaupt nicht paßte. Bei den hohen Frequenzen hob der gute »Lux« die Schnauze in die Luft und heulte jämmerlich. Wir Kinder fanden das lustig, Opa aber nicht. Er meinte, daß die hohen, etwas schrägen Töne dem Hundeohr weh täten, außerdem zögen sie ihm die Schuhe aus. Später haben wir erst begriffen, was der Opa damit meinte. An jenem Tage hatte Oskar in seinem reichen Repertoire das Volkslied »Aus der Jugendzeit« gespielt, das wegen der vielen halben Töne schwer zu spielen ist. Oskar nahm es nicht so genau mit der Lautstärke und die altersschwache Trompete hielt diese Strapazen schwer aus. Auch mit Oskars Atemreserven war es nicht mehr so gut. Mein Opa überlegte dann, wie er beim nächsten Mal Oskar am Blasen hindern konnte, ohne ihn zu verletzen. Eines Tages war es dann soweit. Oskar tauchte hinter dem Fenster auf. Ganz schnell lief Opa raus, und wir waren gespannt, was sich nun tat. Ganz leise wurde Oskar begrüßt und Opa sagte auf Platt folgendes: »Vondage is nix met Blosen, denn de Kinner schlöpt und iuse Homma liggt met Koppeine innen Bedde. Hier sind fifftig Pennje und niu gong na Hiuse.«
Übersetzt: »Heute ist nichts mit Blasen, die Kinder schlafen und unsere Oma liegt mit Kopfschmerzen im Bett. Hier sind fünfzig Pfennige und dann gehen Sie bitte nach Hause.«
Oskar bedankte sich und freute sich über die fünfzig Pfennig, die damals viel Geld waren, und die er sicherlich nicht überall bekam.

Meine Großeltern

Meine Großmutter, Anna Hirschfeld, geb. Jenkel, bei den Herfordern als »Mutter Grün« in Erinnerung, wurde im Januar 1882 in Greiswehen, Kreis Tilsit, geboren.
Mein Großvater, Friedrich Karl Hirschfeld, bei den Herfordern als »Trompeten-Oskar« in Erinnerung, wurde im August 1866 in Elende, Kreis Hohenstein, geboren. Von Beruf war er Weber.
Im Dezember 1907 haben meine Großeltern in Herford geheiratet. In der St.-Johannis- Kirche wurden sie getraut. Vor der Ehe wohnten beide schon in Herford.
Die Großmutter (»Mutter Grün«) in der Rosenstraße, der Großvater (»Trompeten-Oskar«) am Bahndamm. So lauteten die Adressen.
Zwei Jahre später, im Dezember 1909, wurde meine Mutter, Frieda Hirschfeld, in Tilsit geboren. Somit sind meine Großeltern von Herford nach Tilsit noch einmal umgezogen. Leider kann ich keine Angaben machen, wann sie nach Herford in die Bombrede gezogen sind.
Meine Großeltern waren 36 Jahre verheiratet, als der Großvater im Alter von 77 Jahren im Januar 1942 starb. Meinen Großvater habe ich nicht mehr kennengelernt. Auch er war ein Herforder Original: »Trompeten-Oskar«!
Mit seiner Trompete ging er durch die Stadt und spielte seine Lieder. Man erzählt, daß er oft zum »Grünen Wenzel« am Gänsemarkt/Steinstraße ging. Dort trank er gerne sein Bierchen. Dafür spielte er den Gästen auf seiner Trompete etwas vor.
Ich weiß, daß meine Mutter ihren Vater sehr geliebt hat. Es war für sie ein großer Verlust, als er starb.

»Mutter Grün« – Teil 2

Ich möchte noch etwas über meine Großmutter schreiben.
Bevor sie in die Bombrede zog, wohnte sie in der Rosenstraße in Herford. Sie war ziemlich eigenartig, bunt gekleidet. Alles, was sie besaß, trug sie am Leib. Sie besaß keine Handtasche, in die sie ihre Sachen hätte verstauen können. Daher sah sie um den Busen herum sehr rund aus. In der Bombrede hatte sie sehr viel Ärger. Man schlug ihr öfters die Fensterscheiben ein oder stahl ihr das bißchen, was sie hatte. Zum Schluß hatte sie keine Scheiben mehr in den

Auf diesem Bild ist mein Großvater zu sehen. Auch er war ein Herforder Original. Mit der Trompete ging er durch die Stadt und spielte seine Liedchen. Man nannte ihn den »Trompeten-Oskar«. Wie man erzählt, stand er oft vorm »Grünen Wenzel« an der Steinstraße.

Mein Großvater ist 1866 in Elende, Kreis Hohenstein, geboren. Von Beruf war er Weber. Erst mit 41 Jahren hat er meine Großmutter geheiratet. Das war 1907 in Herford. In der St. Johannis-Kirche sind sie getraut worden.

Meine Großeltern waren 36 Jahre verheiratet, als der Großvater mit 77 Jahren im Januar 1942 starb.

Fenstern, sie waren mit Brettern zugenagelt. Auch die Wohnungstür wurde eingeschlagen. Ihren Kinderwagen, in dem sie ihre Kurzwaren hatte, nahm sie mit in ihr Zimmer. Wenn sie am späten Nachmittag nach Hause kam, setzte sie sich auf ihr Bett. Das war die einzige Sitzgelegenheit. Dann schaffte sie in ihrer Ware Ordnung. Die Knöpfe, die man für die Bettwäsche nahm, kaufte sie immer beutelweise. Diese Knöpfe nähte sie dutzendweise auf kleine Kärtchen. Das konnte sie sehr gut.

Im Herbst, wenn die Astern blühten, verkaufte sie diese sträußchenweise für 50 Pfennig pro Strauß. Auch Heidesträußchen gehörten dazu. Die Blumen bekam sie von den Gärtnern geschenkt, die zu dieser Zeit an der Mindener Straße lebten. Im Dezember 1950 ist sie sehr einsam und arm gestorben. Als man sie fand, lag sie tot auf dem Reisig, das vor ihrem Herd lag. Es muß ein grausiger Anblick gewesen sein, als man sie fand. Man erzählt, daß sie bereits von Ratten angefressen gewesen sein soll.

Lebensdaten der Autorin

Gerda Meyer-Hirschfeld,
geboren 1932 in Celle bei Hannover. Von 1932 bis 1937 kann ich keine Angaben machen. Sommer 1937 bei Pflegeeltern in Hitzacker an der Elbe. Im selben Sommer, noch 1937, kam ich ins Heim. Nach vier Wochen etwa kam ich zu Pflegeeltern auf einen Bauernhof in Lichtenberg (Lüneburger Heide). 1938 kam ich in Lichtenberg zur Schule. Weiter ging es nach Rödinghausen-Bieren (Westfalen), wieder auf einen Bauernhof. Im Frühjahr 1939 kam ich wieder ins Heim (Herford). Dort blieb ich bis April 1941. Von Mai 1941 bis Mai 1946 war ich in Hücker-Aschen wieder auf einem Bauernhof. In Hücker-Aschen bin ich 1946 von Pastor Bölke konfirmiert worden. Im Mai 1946 kam ich nach Halstern bei Löhne auf einen Bauernhof. Ein Jahr später wechselte ich wieder auf einen Bauernhof im selben Ort. Auf diesem Hof blieb ich von April 1947 bis September 1949. Danach kam ich endlich zu meiner Mutter nach Herford. Im Sommer 1950 lernte ich meinen jetzigen Mann kennen. Im Januar 1952 habe ich geheiratet. Aus dieser Ehe habe ich zwei Kinder geboren.